超速・最強！5つのライフハック

業務効率化術

国際

中

Naka

「業務効率化の鬼」が教える！

LIFEHACK

Chapter 1 最短で成果爆上がり！── 仕事術

Chapter 2 無駄な仕事が消えていく── IT 活用術

Chapter 3 やればやるほど差がつく── 読書術

Chapter 4 忙しい人生とはおさらば！── 時間術

Chapter 5 爆速で成長する── アウトプット術

まえがき

国際弁護士としての激務をどうこなすか、そればかり考えていた10年ほど前。睡眠時間も極限まで削っていましたが、それにも限界があります。そこで、改めて本格的に業務効率化に取りかかりました。40歳になる前の頃です。

それまでにも、ライフハック本やビジネス本を読みまくっていました。世の中に出回っている仕事術・業務効率化に関する本は全て読んでいたと思います。

次に、人に訊きまくりました。会う人みんなに「業務効率化の工夫、何かありませんか？」と質問し続けました。延べ１００人くらいには訊いてきたと思います。

こうして人から学んだ方法と、自分自身の仕事で見出したライフハックを、ブログ『川塵録』(https://blog.goo.ne.jp/05tatsu) で毎日のように紹介し続けています。

ブログは現時点で記事数およそ2万４０００件、ページビューは1千万件を超えました。そのうち「業務効率化・ライフハック」のカテゴリーは、２０１５年2月に追加して、今は９００件ほど。８年で９００記事以上なら年間１１０件ちょっと。３日に1本くらい業務効率化ネタを書いてきました。

これまで私の職業人生はいつも忙しかった。というか、常に自分に負荷をかけてきたので、ヒマと思ったことがありません。今でもギアを2段どころか3段くらい上げなきゃという超忙しいときにこそ、溜まっていた仕事を片付けられたりします。業務効率化って、実は適度に忙しくすることが必要なんですよね。必要は発明の母。私が業務効率化に凝るようになったのも、その必要があったからでした。

年間５００冊以上の本を読んだり、1日10本くらいブログ投稿したり、家族への置き手紙を毎朝書いたり（皆が起きる前の早朝に家を出るので）、いろんなオフ会を企画したり、毎朝7時にジム通いしたり、体脂肪率５％辺りをキープしていると、「中山さんは何でそんなに頑張るのですか？」って聞かれることがあります。

私の回答は、「世の中に貢献して、人を幸せにしたいから」です。私の幸せは、

・できる限り多くの人を幸せにすること
・袖振り合う人を喜ばせること
・すれ違う人を笑顔にすること

そのために自分を使う。世のため人のために貢献する。文化文明の進歩に寄与する。勇ましく高尚なる生涯を送って、後世の人に「こんな人がいたのか」と思ってもらいたい。

そして、もう1つ。私の究極の目標は「笑って死ぬこと」です。死ぬ瞬間に、できれば家族に「ありがとう」と言って、莞爾かつ従容として眠りにつきたい。

・そのためには後悔したくない
・1分たりとも、1秒たりとも、時間を無駄にしたくない
・今ここで、心筋梗塞で死んだとしても、悔いなく笑って死にたい

と強く思っています。そのためにも無駄なく、効率的に生きたい。

充実した人生を送るためには、心のゆとりをつくることが大切です。徹底した業務効率化で時間を生み出し、新たな仕事へのチャレンジや趣味など、自分のために活かせる時間を増やしましょう。

本書では、人気ブログに書き溜めてきた、仕事の質と効率を上げるための工夫を5つのカテゴリーに編集して、「業務効率化の鬼」弁護士のとっておきのライフハックを紹介します。

中山国際法律事務所　代表弁護士
中山　達樹

まえがき……2

Chapter 1
最短で成果爆上がり！――仕事術

◉キアコンよりモメンタム……14
◉忘却曲線を意識する……18
◉早起きのコツ・曽国藩になり切る……20
◉「下り坂パーキング」仕事法……24
◉To Do 管理は「手書き」せよ……28
◉脳のキャパを意識する……32
◉「場所の強制力」を使おう……34
コラム 1 頭を空っぽにするためのランニング……37
◉書類は「平積み」しない……38
◉デスク周りの「同心円」管理……40

◉失敗は「仕組み化」のチャンス……42
◉原因分析は「フィッシュボーン」で……44
◉全ての石は他山の石……46
◉何事も肯定する「こじつけ力」……48
◉セルフ・エフィカシーを高める……50
◉壁一面のボード＋10色マーカー……52
◉お礼・お詫び・お世辞は過剰に……54
◉アポ取りはクローズド・クエスチョンで……56
◉「悩む」と「考える」の違い……58
◉自分でその仕事をしない……60
◉一番のライフハックは「家庭円満」……62
コラム2　略語を多用しよう……65

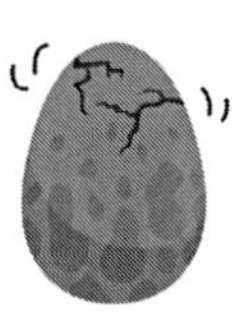

Chapter2

ムダな仕事が消えていく——IT活用術

◉単語登録マニアになろう……68
◉業務効率化はタイピングから……72
◉使わないキーは削除……78
◉モニターと作業効率の関係……80
コラム3 オンライン会議のルール……83
◉ちゃぶ台スタンディングデスク……84
◉ラップトップは打鍵感が命……88
◉神ガジェット・Apple Watch……90
コラム4 私の気分転換は・・・……95
◉最強メモアプリはGoogle Keep……96
◉BIZ UDP明朝 Mediumがいい……100

◉イケてるパワポ資料……102

Chapter3
やればやるほど差がつく——読書術

◉「ときめき」読書法……108
◉本を買ったらまずすべきことは？……112
◉積ん読解消法……114
◉本は食事、ネットはおやつ……116
◉読書は手段であり目的ではない……118
◉サンクコストに拘泥しない……120
◉電子書籍のすすめ……122
コラム5　読書はdotを増やすこと……125
◉電子書籍の活用法……126

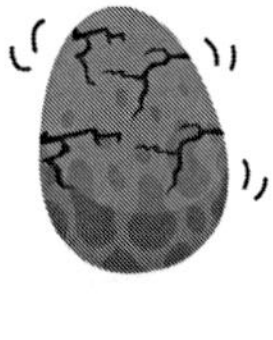

Chapter4

忙しい人生とはおさらば！——時間術

◉1秒たりともムダにしない……130
◉朝から分刻みのルーティン……132
◉集中力は起きて12時間だけ……134
◉「竹中式」交際術……136
◉耳のスキマ時間は3・7時間……138
◉消耗するタスクは週の後半に……142
◉全ての情報は10秒で探せ……144
◉デスクを「コクピット化」せよ！……146
コラム6 業務効率化とは「選択肢を減らす」こと……149
◉身づくろいの時間も節約……150
◉上司と部下の時間の違い……152

Chapter5
爆速で成長する──アウトプット術

◉アウトプットの効用……158
コラム7　アウトプットの20倍をインプットしよう……163
◉アウトプットの仕組み化……164
◉文章は「短森長木」で……168
◉文書に「一覧性」を……170
◉記憶の「マジカルナンバー4」……176
◉検索しやすい件名を！……178
◉メールに悪感情を流すな……180
◉インラインの回答マナー……182
◉SNSは1メッセージ1文に……184
◉書かないと変わらない……186

◉話せば、変わる……190
◉目標は「SMART」に……192
◉「ゴール後の世界」を描く……194
◉人生は Give & Give……196
あとがき……198

業務効率化恐竜
ライフハックドン

業務効率化のために、仕事や時間のムリ・ムダを探し回る恐竜です。本書のナビゲートキャラクターを勤めます。

Chapter1

最短で成果爆上がり！
――仕事術

◉キアコンよりモメンタム

どんな業務も**「キアコン」で片付けるんじゃなく、「モメンタム」を活用**しましょう。キアコンは「気合と根性」の略。元ファミリーマート社長（現・顧問）の澤田貴司さんが創業した投資ファンド・キアコンの会社名ですね。

一方、モメンタム（勢い）というのは、忘却曲線を意識して「忘れる前に片付ける」こと。特に40代になると忘却曲線の影響をモロに受けるので、よりモメンタムを意識すべきです。思い立ったが吉日です。

孫子曰く、「善く戦う者は これを勢に求めて 人に責めず」。仕事にも「勢い」が大事です。忘れる前に片づけられないから、あとからキアコンで補う羽目になります…。

■テニス前衛のボレーのように

モメンタムを意識すると、仕事のいいリズムができます。

例えば、来たメールに即レスする。クライアントからメールが来たら、すぐ「これって、こういうことですか？」的に質問して、それに対するクライアントの回答を待つ。そうすると事案の背景とかが分かって仕事がしやすくなります。私の経営する中山国際法律事務所では、こうしてスピード感ある仕事を習慣づけるために、組織の**「体内時計を早めよう」**と言っています。

テニスのダブルスで前衛がボレーをするように、常に相手にボールを打ち返す。私の2つ上の兄や従兄がテニスの前衛でしたので、前衛と後衛の違いはイメージしやすいのです。テニスでは、前衛がすぐ打ち返して「攻め」の姿勢を保ちます。

スピード感のある仕事をするために、テニスの前衛みたいに**「自分のコートに来た球はすぐ打ち返す」**という意識で即レスしましょう。これができると、クライアントからも「仕事が速いね、情熱と能力ある弁護士だね」って思われます。

それができずに後衛が打ち返すのは普通の弁護士です。最悪なのは、後衛のさらに後ろで、ネットや壁際に溜まったボールを1～2週間後に拾ってノロノロと打ち返す、クライアントや上司から催促されてやっと…。これではダメですね。情熱はスピードに表れます。**スピードが情熱です。**

理想としては常に「前衛でボレー」を意識しましょう。ネットを越えて自陣に来た瞬間に、proactive（先回り）に打ち返す。ときには神速で相手をギャフンと言わせるスマッシュも打ち込んでみましょう。私の事務所では、これを「神ギャ」と呼んでいます。

■焼き鳥を焦がさないように

多くの仕事をタイムリーに片づけることを、「皿回しのように」とか、「焼き鳥を焼くように」と表現できます。弁護士の仕事では、扱っている案件は常時だいたい10～15件です。5件という弁護士はヒマすぎ、20件という弁護士は忙しすぎです。これらの案件を「**皿回しのように**」進めると表現されます。

私が司法試験の勉強をしていたとき、伊藤塾の伊藤真塾長が多くの受験科目を「皿回しのように勉強しなさい」とおっしゃっていました。私も、各案件を少しずつ回して、皿を落としてしまわないようにしています。

同じことを知人が「**焼き鳥を焼くように**」と表現していて、こちらのほうが緊張感が出ていいかもと思いました。たくさんの焼き鳥を焦がさないように多くの案件を回し続ける。こまめにクライアントその他関係者とコミュニケーションをとるのです。

ほかにモメンタムを活かしてやっていることは、例えば「本屋で読みたいと思った新刊を、その場で紙で買っちゃう」こと。「メルカリの中古で買ったほうが安い」とか、「Kindle版（電子書籍）がそのうち出るかも」とか考えない。「買ったらすぐ隣のカフェに入って30分くらいで読んじゃう」のが最もモメンタムを活かす方法です。

また、人と会うアポが決まったら、「その人と何を話したいか」をメッセージしておきます。相手との関係や状況に配慮しつつ、できれば話したい議題として事前に相手にもLINEやMessengerで伝えておく。そうしないと、会うのが2週間後とかの場合、「この人と何を話すために会っているんだっけ？」ってなるからです。

とにかく、キアコンよりもモメンタム。気になったらすぐに着手する。本書では、その「モメンタムを活かす工夫」をいろいろ紹介します。

◉忘却曲線を意識する

年齢とともに、もの忘れは増えます。もの忘れ防止のためには「忘却曲線」を意識しましょう。要するに、「忘れる前にパパッと片づけちゃえ」ってことです。これを**「ピッパの法則」**と名づける方もいます（木下勝寿さん）。「ピッ」とひらめいたら「パッ」とやるのです。

■ペンディングを溜めずにサクサクと仕事する

忘却曲線は知っていましたが、その数字は細かく覚えていませんでした。改めて調べてみると、何と我々は**「1時間で56％忘れ、1日で74％忘れる」**ようです。これらは覚えていていい数字かもしれません。「思い立ったが吉日」「鉄は熱いうちに打て」「Now or Never」の心がけが大事ですね。

今それをやらないと、忘却曲線のせいで明日やるのはもっとつらくなる。明後日やるのは、さらにもっとつらくなる。1日ごとに人はどんどん忘れるから。忘却曲線を常に意識して、ペンディングを溜めずにサクサクと仕事しましょう。

例えば、私は以下のような工夫をしています。

1　会議の議事録は直後（30分以内）に書き上げる（Zoomや電話は同時並行的にメモ）
2　次回の裁判書類は、裁判期日の終了後、すぐ叩き台をつくり始める
3　思いついたらすぐメモ

分かっていても、これがなかなか難しいのだけれども。全ての仕事は※Quick & Dirtyな「叩き台」をどれくらい早く仕上げるかですね。Done is beter than perfect. あとになってから思い出すのは、それだけ余計なストレスとエネルギーを使います。

※Quick & Dirty…「完成度は低くても、まずはかたちにする」ということ。

忘れる前に
サクサクと仕事を
片づけるのがいいゾー！！

◉早起きのコツ・曽国藩になり切る

業務効率化オタクの私ですが、**何はともあれ朝型生活にするのが一番じゃないかと思います。**

私は基本、朝3時起きです。黎明の「浩然之気《こうぜんのき》」（明け方の、大地が目覚めるときの澄んだ空気）があふれる空気を吸い、疲れていない脳みそで、誰からも話しかけられず電話もかかってこず、それでいてオシリ（期限というか時間）が迫っている。だから、早朝にダラダラ何かをするということはしません。早朝に起きて、いきなりネットサーフをする人はいません。

近所に住んでいる俳優の哀川翔さんもめちゃくちゃ早起きで、『早起きは「3億」の徳』という本を書いています。彼は毎朝、「日の出と勝負」していて、日の出より遅く起きたら負け、日の出より早く起きたら勝ち。まあ厳密に日の出というのではなく、要するに「明るくなる前に起きる」ってことですね。私も、これをもう20年くらい続けています。横綱の勝率くらいには勝っていると思います。

■朝スッキリ起きるための早起きのコツ

そこで、まどろんでいる自分に喝を入れ、スッキリ起きるために、私が実践している「早起きのコツ」3つをお教えします。

1　眼球をグルグル動かす

オフィスでパソコンを使ったり、知的労働をしている人にとっての主な疲労は、要するに眼精疲労です。眼精疲労が激しいと、朝起きたとき「目を開けられない、起きられない」状態になります。そこで、朝、目が覚めたらすぐに眼球をグルグルと可動域の限界まで動かしてみてください。眼精疲労が解消され、眠さが吹き飛ばされます。**「目覚めた瞬間に目玉をグルグル動かす」**、これでパッチリ目覚めます。効果AAです。是非お試しあれ！

2　手足の指を動かす

次に、ふとんの中で横たわったまま、手指・足指を動かします。血流が促進されて目覚めが良くなります。指と脳は密接につながっているため、指を動かすと脳も刺激されて覚醒します。これは効果Bです。

3　曽国藩《そうこくはん》になり切る

「気のもちよう」とよく言いますが、精神論もバカにできません。曽国藩は、清王朝に生きた政治家で立派な人でした。その座右の銘「冷に耐え 苦に耐え 煩に耐え 閑に耐え　激せず 躁《さわ》がず 競わず 随《したが》わず 以て 大事を成すべし」を、著名な思想家・安岡正篤《やすおかまさひろ》がよく紹介していますね。その曽国藩の言葉に、こんなのがあります。

黎明即起《れいめいそっき》 醒めて後 霑恋《てんれん》するなかれ

要は「ベッドでウジウジするな　目が覚めたらすぐ起きろ」という精神論です。志ある者として他人と違う1日を送るためには、こういうフレーズをいくつか諳《そら》んじておくといいでしょう。

この曽国藩の言葉のように「自らを鼓舞する一節」を心に留めおき、日頃から口ずさみましょう。やがてほんとうにベッドでグズグズするようなことがなくなりますよ。

■夜20時以降は何も食べない

私は、平日のみならず、休日も夜更かしや朝寝はしません。週末だからといって、夜更かししようとか、ダラダラ寝ていたいという誘惑に負けては何者にもなれません。むしろ私の場合、休日にこそ、超早起きして、家族が寝静まっている間に事務所に行ってひと仕事して（朝4時から8時とか）、家族が起きてきてから子どもたちと少年野球を一緒にやったりして、人よりがんばっています。人と同じことをしていては、人と同じ人生しか歩めませんから。

例えば、今年の年明け4日間の私は、元旦は朝3時起き、2日目は2時起き、3日目は2時起き、4日目は3時起きで、毎日、事務所に行って仕事。元旦の朝に働きすぎてしまって、家に帰るとお雑煮が冷めていて、妻に叱られました…。

なお、夜にたくさん食べると早起きは難しくなります。**夜20時以降は何も食べない**と早起きしやすくなります。その意味でも、晩酌せずに禁酒することは、早起きのためにはいいでしょう。

◉「下り坂パーキング」仕事法

下り坂で駐車した車は、再発進するときに加速しやすい。それと同様に、仕事をちょっと手をつけて途中でやめる。すると、その仕事を再開するときに手をつけやすく軌道に乗りやすい。これを「下り坂パーキング仕事法」といいます。

「下り坂で駐車する」ように仕事をする。仕事を再開したときに勢いをつけやすいようにすることです。ライフハックのバイブル『ライフハック大全プリンシプルズ』（堀正岳著・角川新書刊）でも紹介されています。

■次の仕事に着手しておく

例えば、どこかに出かける前、事務所に戻ってから「下り坂」でロケットスタートするため、私はいつもこの下り坂パーキングをやっています。数分でも、5分でも、次の予定までに時間があったら、まず、その仕事に手をつける。ほんとに手をつけるだけ、取りかかるだけ、着手するだけです。

具体的に何をやるかというと、次のような単純な「作業」です。

・ファイルの該当ページを開いておく
・ファイルを探して机上に置いておく
・書面のタイトルとか骨子だけ作っておく
・書籍の該当ページに、ふせんを入れておく
・資料の大項目に色をつけておく
・重要メールを印刷する
・アソシエイト弁護士や秘書に概要だけ伝えておく
・裁判書面のひな形をデータで用意する

■初めの「作業」だけをしておく

仕事は、「作業」→「中身」→「作業」で構成されています。例えば、こんな感じですね。

1　ファイルを手元に置く（該当データを探して開く）作業
2　そのファイル・データを利用して「中身」のあるタスクをする
3　完成した成果物を送信後、使ったファイルを片づける作業

この初めの1の「作業」をすることで、仕事にとりかかり、そこで止めておく。

そうすると、2の「中身」に取りかかりやすくなる。これが「下り坂パーキング仕事法」です。特に、嫌な、面倒くさい、気の進まないタスクにピッタリの仕事開始法です。

ただ、デメリットが1つあります。それは、「下り坂」にするための数分の「作業」のはずが、つい欲張って「中身」に着手して、出かけるのが遅れたりすること…。欲張って中身までやりすぎないように気をつけてください。

■割り込み仕事はしない

一方、「中身に取りかかった仕事は中断しないでやり遂げる」のも大事です。

私は、ノッている仕事の最中に、電話が来たり、スタッフが話しかけてきたりすることで、仕事が中断されないようにしています。電話は外部オペレーターに外注しています。私がヘッドフォンをしているときは「集中モード」なので、スタッフには話しかけることを遠慮してもらっています。

「忘れそうだから、その別案件を数分で片づけよう」と思って割り込み仕事をすると、それがたとえ数分で済んだとしても、先のノッていた仕事の集中力が中断されてしまいます。そうすると同じ数分でも、失った集中力のほうが損失は大きいんです。ついでに別のメールを開いたり、ＳＮＳを見たり…してしまうと集中力はますます低下してしまう。あるデータでは、**一度途切れた集中力は、回復するまでに20分かかる**そうです。だから「割り込み仕事はしない」のが鉄則です。

仕事を割り込ませずに、メモを残しておくなどのひと手間をかけるだけで、割り込み仕事の多くは避けられます。当たり前のようですが、大事なライフハック。そのためにも、ふせんとかGoogle Keepとか、メモをしっかり残す工夫が大事ですね（本書96ページ参照）。

◉ To Do 管理は「手書き」せよ

いろいろ試しましたが、To Do 管理は、① **「毎日、手書きでリストを作成し、色分けなどで優先順位をつける」** ことに優る手段はないと確信しています。

アプリとかソフトとかエクセルとかいろいろ試行錯誤しましたが、結局、弁護士を18年くらいやってきて、この「手書きでリスト作成」がベストです。変える必要性は感じていません。

数日に1回は紙に手書きでその都度「書く」ことにより、残っている案件が何かをしっかりと認識できます。また、紙が手元にない場合は、② **「メモアプリ Google Keep に入力する」**（本書 96ページに詳述）、これに尽きます。

この2つ以外の To Do 管理をしようとすると、メモをする前に、あるいはメモしたことを忘れてしまいがち。記憶のために脳のメモリーを使うと、その分、脳に負荷がかかります。記憶は、この①②に外注して、脳のメモリーを節約しましょう。

特に40歳をすぎたら、**「記憶はメモに外注する」** という意識を強くもちましょう。脳は思考のため。記憶のために脳を使わない。みなさんも、To Do 事項はすぐメモするクセを身につけましょう。

■「手書き」で認識力UP

業務効率化の定番といえば、「アイビー・リー・メソッド」。要するに、「やるべきことを6つ書き出しておき、翌日それを重要だと思う順にこなしていく。翌日のために、また6つ書き出し、順番をつける。これを毎日行う」というもの。「6つ」というのも現実的ですね。人は1日に10個以上の仕事はできません。

ポイントは手書き。ペンディングをいちいち手書きすることでしっかり認識できます。「毎回、残っているTo Doを書き直す際、自分の手を動かすため優先順位が低いものも忘れなくなる」からです。データ管理だと忘れるのでダメです。**手を動かすことが大切**です。手書きだと、刻々と変わる優先順位に柔軟に対応できます。

■リストは毎日のように更新

案件の大きさの如何を問わず、手持ちのTo Do（今日やりたい事項）の個数が10個を超えると、心理的ストレスも重なり、パフォーマンスが落ちます。人間のキャパってそんなものです。

理想は「To Do 更新を毎日することですが、「To Do は常に20個近くあり、1日に数個しか消化できません。だから、実際は**数日に1回の To Do の更新**をすれば足りるでしょう。それでも毎日 To Do リストを眺めて、その日に優先順位が高いものに色をつけるなどして、認識をアップデートしましょう。

■所要時間を書き込む

細かいタスクをためないコツがあります。紙の「To Do リストの各項目に「想定所要時間」を書いて、「所要時間の短いものから先に片づける」という方法です。時間を書いておくと、タイムシート（稼働時間記録表）も記載しやすくなります。

「大きなタスクと小さなタスクのどちらから先に着手するか」については、朝イチに「大きくタフな案件から片づける」というのが、1つの王道。朝が一番、脳がフレッシュで疲れていないからです。

一方、ペンディング案件が多すぎるだけでも脳に負荷がかかっています。そこで、その負荷をまずは取り除くために「小さな案件から先に片づける」のも、また一つの王道です。例えば、メールでサクッと返信できる作業などです。

どちらがベストってことはありません。案件や緊急性次第です。ただ、後者すなわち「小さな案件から片づける」ための工夫として、この想定所要時間を書くのはおすすめです。着手しやすくなるからです。

To Do 管理は
「手書き」が一番いい。
認識力がUPするゾー！

◉脳のキャパを意識する

ペンディング（やりかけの何か。未完了事項）があるだけで、脳はキャパ（容量）を使います。メモリを使います。やっていることが完了するまでの間は、ずっと脳の容量を占めているってことです。

■記憶は脳から「外注」する

だから、ペンディング事項がありすぎると集中力が落ちます。やるべき「To Do」が10とか15を超えないようにしなければなりません。どんな小さなことでも（コンビニでの支払いとか、家族からの要望とか…）、サクサク終わらせることが業務効率化になりますし、セルフ・エフィカシーも向上させます。

そして、「To Do」をしっかり「書き出す」ことにより**記憶を外注（アウトソーシング）しましょう**。メモアプリ「Google Keep」も、ガンガン活用しましょう！ なぜGoogle Keepがおすすめかというと、全ての端末（スマホやパソコン）と即時に同期するからです。

なお、Google Keepのおすすめの使用法は、大項目（仕事・家族等）ごとに「ピン留め」

して常に上部に表示されるにし、かつ、「チェックボックス」を利用して、その項目のメモを1つに集約することです（本書98〜99ページで詳しくご説明します）。

■**ペンディング案件は「紙で持ち歩く」**

ペンディング事項をサクサク片付ける工夫は、いろいろ試した結果、一番確実なのは「ペンディング案件を紙で持ち歩く」ことです。

業務効率化に関しては、私は最も先鋭的にデジタル化しているライフハッカーの1人だという自負はありますが、この「ペンディング案件管理」だけは、アナログの**「紙で持ち歩く」ことに優る方法はありません**。

つまり、忘れないために、印刷して紙の状態にしておく。「物理的に紙の状態で情報を存在させる」ことで、「早く処理しよう」というアラート（強制の契機）にもなります。処理するフックにも、リマインダーにもなります。

その紙にした情報（ペンディングのタスク）をどう管理するか。ペンディング案件専用のスペースがあってもいいけれど、**「書類を平積みにする」のは、一番やってはいけない情報管理**です。結局忘れるからです。だから私の場合、持ち歩くことにしています。持ち歩くから、常に目にするし、忘れない。もちろん機密管理の問題をクリアにした上で。

◉「場所の強制力」を使おう

「場所の強制力」というのがあります。「ファミレスに勉強しに行ったら勉強しなきゃ」、「オフィスに来たんだから仕事しなきゃ」とか。集中力の確保のために場所を変える。オフィスのデスクだけでなく、自宅・カフェ・会議室・通勤の電車内など…。

■カフェという場所の強制力

ストレスがたまって仕事のパフォーマンスが落ちるとき、私の工夫は「カフェに行く」ことです。同じ場所でやっていると飽きますからね。**「飽き」は「疲れ」**です。英語では同じ「tired」です。

レビューする契約書とかを紙で持っていって、「せっかくコーヒー代400円くらい払ってここに来たんだから、この契約書だけはしっかりチェックしなきゃ！」って感じで自分にプレッシャーをかけます。もちろん400円はもったいないですが、弁護士の時給で換算すると400円は、たった1分くらいなんですね。もし時給3万円なら、1分500円です。

たった1分、集中できずにネットサーフとかしてしまうだけで、我々は逸失利益として500円を失っています。それがコーヒー代400円で挽回できるなら安いものです。私は、1日に何度も、事務所近くのカフェに行くこともあります。

この場合、カフェに行くというのは**「場所の強制力」**を使っているんです。もう「その場所ではこれをやる！」「これを終わらせずには、このカフェを出ない！」と脳に強く命令する。その場所のもつ「磁場」を活用する。

そして、「ここは集中して仕事をするところ」という磁場を持たせるためにも、デスクで食事をするのはやめましょう。食事をすると、「ここではリラックスしてもいい」と脳が勘違いしてしまうからです。

一方、「時間の強制力」というのもあります。これは、小学校や中学校の時間割みたいに、「この時間はこれをやる！」と心に決めることです。例えば、「事務所に着いたらすぐに1ページ執筆する」とか。これは、習慣化できれば、大きな効果を発揮します。

でも、優先順位が低い（けれど、どうにも手が付けられない）案件を片づけたいというときには、私の経験上、「場所」の強制力を利用したほうが効きます！

■まずは手をつける

仕事でも家庭の用事でも、ちょっと重い案件でも何週間も手がつけられず…ってことは誰にでもあるでしょう。キャパが一杯で、優先順位が低いから手を回す余裕がない…。

でも、そんな用事や案件も、いざ手をつけてみると、えてして数分とか数十分で終わったりしませんか。まずは手をつけることが大事です。

その「取っかかり」がつかめなかっただけで、数週間も経っちゃって自己嫌悪に陥ることもあります。中には優先順位が低すぎるものは、数か月も放置したままで「死んだ・忘れた・辞めたマター」になっているものもあるでしょう。こういうのがあると精神衛生に悪く、セルフ・エフィカシーが落ちます。

そこで、解決策として、日頃のルーティンの中ではなく、その書類を持ってファミレスとかカフェにあえて行く。iPadなどの端末も持って行かない。「その案件に手をつけること」だけに集中する。もう強制的にやるのです。

そうやって**「最初の1分」**を踏み出すことで、その案件に対する取っかかりがつかめ、やがて片づけることにつながります。

コラム1

頭を空っぽにするためのランニング

どんな仕事も常に思い通りにいくわけではありません。京セラの創業者・稲盛和夫さんばりに「もうだめだと思ってからが仕事だ！」と自分に言い聞かせて、最後まで闘っても、結果が出ないときもあります。

精一杯やったのなら、その結果は抱えすぎない。失敗は成長の糧にすればいい。とはいえ、モヤモヤ感というか、不機嫌というか、ストレスが次の仕事に影響してしまうこともあります。人間ですからね。

そんなとき、私は事務所近くの国会議事堂を一周ランニング（2.5ｋｍ、15分くらい）することにしています。頭を空っぽにするために…。オフィスの中で悶々とするのはいけない。外に出て散歩したりしてフレッシュな空気を吸い、頭をスッキリさせる。そんな選択肢も試してみてください。

◉書類は「平積み」しない

製造業の品質管理に「4S運動」というのがあります。4S＝整理・整頓・清掃・清潔ですね。これに「躾」を足したのが「5S運動」です。「スマイル」を足して「6S」とする会社もあります。

■6S＝整理・整頓・清掃・清潔・躾・スマイル

この5Sとか6Sって、製造業のみならず全ての仕事に応用できます。書類を失くしたり忘れたりするのも、きちんと管理ができていないから。データ・情報の整理整頓ができていないからです。6Sがミス防止と業務効率化につながります！

■「書類の平積み」は絶対ダメ

書類の整理は、次の2つのどちらかしかありません。

1　捨てる
2　ファイルする

つまり、「とりあえず置いておく」**「とりあえず平積みにしておく」は、絶対にしてはいけません。**書類整理は、3択ではなく、この「捨てる」か「ファイルする」の2択が原則です。これを徹底すれば、ムダな書類がだいぶ減ります。

■重要文書は一元管理

なお、何度も使うデータ文書の場合、我が事務所の次の管理方法をおすすめします。

・所内：事務所内のルール、推奨記事、マニュアルなど
・所外：事務所外のクライアント向けの題材、マーケティング情報など

こうしてデータを2種類に大別し、「NP101_xxx」とか「NP201_xxx」という通し番号をつけて、クラウドの指定場所に格納します。こうして、所内と所外で、それぞれ20くらい（計40個）の「よく使うファイル」を一元化して管理しています。一元管理することで、探す手間を省いているのです。ちなみに、「NP」は我が事務所（NAKAYAMA & PARTNERS）の略語です。

◉デスク周りの「同心円」管理

デスクを片付けるためには、**「同心円」管理**をおすすめします。「動線管理」という言葉でも表現できますが、使わないものを同心円状に遠ざけるので、「同心円」管理がイメージしやすいです。

■探しものに時間をとられない

コクヨの調査によれば、人は1日に平均して20分も何かを探しているそうです。

1日1分、ものを探せば、1年で360分だから6時間。時間制報酬を4万円としたら、24万円、ロスしていることに！

1日20分探すと、1年で120時間。つまり、3週間分くらいも「何がどこにあるか」を探していることになります。

これを知って以来、「何かを探す」ってことを、異常なくらいに避けるようになりました。探す時間を失くすためには、同心円管理がベストです。

1　毎日使うものは、50センチ以内＝手の届く距離に
2　週に1回くらい使うものは、1m以内＝1歩踏み出せば届く距離に
3　月に1回くらい使うものは、2m以内＝2歩踏み出せば届く距離に
4　月に1回も使わないものは、倉庫に

このように、同心円状に4段階くらいで分けます。

要は**「よく使うものは近くに、あまり使わないものは遠ざける」**ということです。

また、使う可能性が低いものは、もう紙で保管しないでデータ化すべきです。同心円管理を意識するだけで、びっくりするほど周囲が片づきますよ！

「同心円」管理で
ものを探す時間を
なくすゾーー！

◉失敗は「仕組み化」のチャンス

どんな失敗をしても、「これは何のチャンスだろう？」と思うようにしています。急行に遅れても「各駅停車で座ってゆっくり本が読めるチャンス」、軽率なことをして失敗しても「慎重な人間になれという天の声を聞けたチャンス」です。

■失敗をムダにしない

ミスをしても、ミスをしない仕組みをつくるきっかけになるチャンスだ！全てはチャンス！と前向きに生きていきたいですね。ベストを尽くしたのなら、失敗は落ち込むに値しません。どんな失敗をしても死にはしません。

失敗すれば誰だって凹みます。でも、1日くらいして立ち直ったら、もう二度と失敗しない「仕組み」をつくりましょう。**「次から気をつける」**ではなく**「仕組み化」するる**のです。私の事務所でも、「次から気をつけます」は禁句にしています。

■「仕組みづくり」が重要

勝間和代さんの著書『勝間式ネオ・ライフハック１００』(KADOKAWA刊)に、「ダイエットや資格の勉強などをするのに、意志の力をあてにしなさんな。環境整備（仕組みづくり）に専心しなさい」と書いてありました。

ホント、その通りです。そして、勝間さんは、「１００個に1〜3個くらい自分に合うものがあればいいという軽い気持ちで、いろんな環境=仕組みを試してみなさい」と言っています。ダイエットのために家に甘いものやジャンクフードを置かないとか。禁酒のために家に酒を置かないとか。

Amazon.com の創業者ジェフ・ベゾスも、「Good intention never works. Only mechanism works.」**（心意気は役に立たない。仕組みだけが役に立つ）**と、仕組み化の重要性を説いています。精神的なキアコンに頼るのではなく、クールな仕組みをつくるのがライフハックの王道です！

本書でも、失敗防止のいろいろな「仕組み」を提案していきます。

◉原因分析は「フィッシュボーン」で

「春秋の筆法《ひっぽう》」という言葉があります。これは、結果に対する「理由が1つだけ」と考える強引な論法で、弱い理由をむりやり結論に結びつけるこじつけ的な言い方です。

■「春秋の筆法」はパワハラのもと

例えば、「キミが注意散漫だから、こういうミスをした」という部下に対する叱責や、「お前は傲慢だからそんな言い方をするんだ」っていう家庭の会話とか。これはいけません。これを部下にやったら、まずパワハラ認定されます。世の中の**モラハラは、ほとんどこの「春秋の筆法」から**生じているんですね。

目指すべきは、春秋の筆法の対極にある「フィッシュボーン（特性要因）分析」です。魚の骨のように、結果に対する原因を慎重に検討することです。「なぜなぜ分析」に近いですね。

たとえば、製造業では、次の4Mに分けてそれぞれの原因を探ります。

・Man（人）

・Material（材料）
・Method（方法）
・Machine（機械）

■原因は1つではない

例えば、「書類を忘れて出かけてしまった」ミスのフィッシュボーン分析をしてみましょう。これを単純な「不注意」のせいにしてしまうのは春秋の筆法です。

事務所を出る数分前に書類をファイルに入れて「これを持っていく」とちゃんと認識していた↓そのファイルをデスクに置いた↓置いた場所がほかの書類の上だった↓ほかの書類に紛れて持っていくファイルが目につかなかった↓机の上が整理整頓できていなかった…と、慎重に原因を検討し、結局、整理整頓に真因を求める。これが、フィッシュボーン分析です。

森羅万象において、**理由・原因は1つではなく、常に複数ある**のです。複数の原因の中から、真に原因となる根本原因（root cause）を探す。そこから対策を練りましょう。

◉全ての石は他山の石

意趣返《いしゅがえ》し。要するに仕返し。いや仕返しよりも、なんか嫌味な、陰険なニュアンスですね。この意趣返しを私は決してしません。意趣返しをすると、要するに「悪意の応酬」が続き、「悪意の無限スパイラル」が続くだけだからです。

■同じ土俵に立たない

感情的な人に対して、感情的になって意趣返しをしない。**感情的な人と、同じ土俵に立たない。**それは自分の器の小ささを示すだけ。家庭でも仕事でも、日頃の会話で何かを言い返すとき、「これは意趣返しになっていないだろうか」とちょっと立ち止まって考えるようにしています。

これは弁護士としての仕事、特に裁判書面の作成で鍛えられました。「相手側弁護士にこう言われたからこう言い返す…」みたいな下品なことは、私は決してやらない。ときに理不尽なひどい仕打ちを受けることもありますが、これはもう交通事故に遭うようなものです。

プロフェッショナルとは「常に冷静であること」と私は定義しています。感情的な人に対しても、「意趣返しはしない」「同じ土俵に立たない」、そんな矜持をもつのがプロです。

■世の中にはいろんな人がいる

誰かが言っていました。「人の非礼をなじる前に、非礼をはたらかれる己の小ささを嘆け」と。ほんとうに立派な人や偉大な人なら、非礼をはたらかれることはない。自分が非礼をはたらかれるに値する小さな人間なのだと、自戒するほうが精神衛生にいいですね。

「世の中にはいろんな人がいる」。人の振る舞いに腹を立てたときに、私が自分や家族をなぐさめるときに使う言葉です。全ての石は他山の石。道端の石からも学ぶことがある。全ての事象を他山の石とする。吉川英治の名言「我以外《われいがい》皆我師《みなわがし》」と同じです。

自分以外はみんな師匠。パワハラ上司も、ムカつく同僚も、生意気な後輩も、煙たい親も、聞き分けのない子どもも、みんな師匠。**偉大な人間とは、多くの師匠をもつ人間**です。

◉何事も肯定する「こじつけ力」

音楽プロデューサーの秋元康さんは、ニューヨークでタクシーを降りた瞬間に犬の糞を踏み、「お、オレにはウン（運）がツイてる」と感動したらしい。これって、普通の人の反応と真逆の反応ですね。

■自己正当化は精神安定剤

犬の糞を踏んでも、「ウン（運）がついた。ラッキーだ！」って思い込む。急行電車に乗り遅れても、「ラッキー！　鈍行でゆっくり本が読める！」とポジティブに転換する。

このように自分に起こったことを何でも肯定的に意味づけする能力のことを**「こじつけ力」**といいます。私が命名しましたが、ネットで調べてみたらすでに使われていました。残念！

・早起きしたら…「お、これは『たくさん働け』って天のお告げだな」

・寝坊したら…「お、これは『少しは安め』という神の思し召しだな」
・失敗したら…「これは『もっと謙虚になれ』というお天道様のメッセージだな」

このように、私は何でも天（人智を超えた何か）のせいにしています。この「自己正当化能力」って、精神の安定・安寧・均衡を保つために、すごく大事です。たぶん無神論者の方でも、日々の生活の精神安定剤的な工夫として、こうやって「何か」のせいにしていることってよくあるんじゃないでしょうか。

神は、我々が成功に浮かれていることも、失敗に落ち込んでいることも、試練に打ちひしがれていることも全て見ている。「そんな神様にサプライズを与えよう」というのが、私の発想の源になっています。

普通のことをしていては、神様は驚かない。「お前、この状況でこうするか?!」「おっと、そのリアクションで来たか」「いやぁ、そう来るとは想定してなかったなぁ」って、見ている神様をあっと驚かせたいものですね（笑）。

ピンチはチャンス！ なんでもポジティブに、神様にサプライズを！

◉セルフ・エフィカシーを高める

私のいいところであり悪いところは、自分に期待しすぎるところと、できない自分を責めすぎるところです。例えば、朝2時に起きたんだけど、朝3時から4時までダラダラ集中できずに読書をしてしまって、「ああ、最初にコーヒー飲めばよかった」と自己嫌悪になることも…。

■加点法で自己肯定感を高める

でも、自分を責めすぎると、「自分はできない人間だ」という思い込みがインプットされてしまうから、パフォーマンスが落ちます。だから私は意識的に、**ベストを尽くした自分を責めない**ようにしています。毎日少しずつプラスに考えて、自分を褒めるというか、「セルフ・エフィカシー（自己肯定感）」を高める。

「毎日1頁執筆ができてるよ」とか、「毎日ジムに通えているよ」「しっかりと早起きできているよ」とか…。加点法でプラス思考を高めています。

■**自分の機嫌は自分で取る！**

セルフ・エフィカシーというのは「大きな仕事ができた！」とか、「年収が上がった！」「評判が良くなった！」「成功した！」「フォロワー数が増えた！」とかの結果で判断するものではありません。

毎日、「逃げていないか」「自分との戦いに十分戦ったか」と自問自答して、自分の態度・心構え・振舞いに対して満足できる答えを出すことで保つものです。結果ではなく過程（プロセス）で判断して、セルフ・エフィカシーを高める。こうやって、**自分の機嫌は自分で取る**ようにしましょう。

プラス思考で
セルフ・エフィカシーが
高まるゾーー！

◉壁一面のボード＋10色マーカー

我が事務所では、10色のマーカーをそろえて、カラフルに、ガラスボードをフルに使って楽しく会議しています。

■色分けで思考が整理される

事務所の会議室は、壁全体をガラスボードにしています。そこでクライアント様との打ち合わせ事項を、10色のカラーマーカーで色分けして、どんどん書き込みます。これによって、争点や全体像、優先順位が明確になります。

こうやってどんどん書き込まないと、せっかく会議や打ち合わせをしていても思考が整理されません。書くことは考えること。人は書かないと、ほんとうに緻密に考えることはできません（書くことの効果は本書186ページ参照）。

社内研修の講師として大手企業にお伺いすることがありますが、ホワイトボードマーカーは、だいたい2色だけです（3色あるところは少ない）。10色と言わずとも、是非たくさんカラフルにそろえてほしいものです！

10色そろっていると、ガラスボードに発言をまとめていくとき、**「発言者ごとの色分け法」**が使えます。書記の人が人数分のマーカーを持って、発言者ごとに色分けしてボードに書き込んでいくと、あとから見返すときに「誰の発言か」が分かっていいですよ。また、**「論点ごと」**や**「時系列ごと」**の色分けなんかもおすすめです。

■ガラスボードがおすすめ

ホワイトボードと異なるガラスボードの長所は、イレイザーで消しやすいことです。これからオフィスを新装する方は、是非「作り付けのガラスボード」を設置してください。とてもクールです！

▲壁全体がガラスボード。10色のマーカーで書き込みながら打ち合わせが進みます（中山国際法律事務所・会議室）

◉お礼・お詫び・お世辞は過剰に

■過剰3点セット

以下の3つは、「過剰に」やってはじめて効果が出ます。

1　お礼は過剰に

過剰にやって初めて気持ちが通じる。お礼は「目立つ」チャンス。十人並みのお礼をしても目立たない。人にかわいがってもらえるようなお礼を。私は、誰かにごちそうになったら、翌朝までに、筆ペンで巻き紙に礼状を書くことにしています。

2　お詫びは過剰に

お詫びも過剰にやって初めて気持ちが通じる。中途半端なお詫びはしないほうがマシ。お詫びも「目立つ」チャンス。失敗を成功に転化できるチャンスです。

3　お世辞は過剰に

お世辞は社会の潤滑油。お世辞で目の前の人がハッピーになるのなら、お世辞を言わないという選択肢はない。どうせ言うなら過剰に。

■一生忘れない「過剰にお詫びしてくれた人」

ミスは仕方ない。誰でもミスをする。大事なのは、そのあとです。ミスをしてもそれで評価が落ちるのではなく、その後の対応で評価が分かれます。ミス後の対応には人格が現れます。

1　潔くスカッと謝る
2　謝るが言い訳する
3　謝らない

ミス後の対応は、この3つにきれいに分類できます。「スカッと謝る人」は1割もいません。「謝るけど言い訳する人」が8割です。そして1割が「絶対謝らない病」「謝ったら死んじゃう病」に罹患している重症患者です。その病気の人は絶対に謝りませんね。良い治療法があったら教えてください…。

手厚く謝罪したり、**潔くスカッと謝ったりして、かえって評価が上がる**ことがあります。昔、ランチのドタキャンをした方が、翌日に、私の事務所までお詫びの菓子折りを持ってきてくれたことがありました。その人のことは、私は一生忘れません。それ以来、私も「お詫びは過剰に」をモットーにしています。

◉アポ取りはクローズド・クエスチョンで

アポ取りの際には、自分の希望日時を3～5個挙げて伝えましょう。

■オープン・クエスチョンはNG

いただけないのは、自分の希望時間を伝えず、「今度打ち合わせをさせていただけないでしょうか」とだけ連絡する人です。なぜだめか。オープン・クエスチョンだからです。受け取った人は、時間を選ぶのが面倒くさいのです。

オープン・クエスチョンで聞いたほうが、「聞かれた側は自由に時間を選べていいのでは…」と思う人もいるかもしれません。でも、私がアポ依頼を受ける側だと、**オープン・クエスチョンで聞かれると「ゼロから選ぶのが面倒くさい」**って思ってしまいます。自分の希望日・時刻を伝えるクローズド・クエスチョンのほうが、相手からの返信も早くなります。

■日付は曜日とともに

日付を伝えるときは、必ず曜日を一緒に伝えましょう。自分のミス防止にもなるし、相手のアクションを早くすることにもつながります。

多くの人は曜日の感覚とともに生活しているので、「26日（火）」と伝えれば、「ああ来週の火曜ね」などとすぐに分かります。日付は必ず曜日とともにです。

なお、この(火)とかの曜日を、みなさんはどうタイプしていますか？ 括弧《かっこ》を打って、次に「火」を挿入して…ってやっていませんか？ それは時間のムダです。**(月)は「げか」、(火)は「かか」、(水)は「すか」のように単語登録**しましょう。

また、1対1のような少人数で会うときには、アポの前日に「明日は○時に○○でよろしくお願いします！」的なリマインドメッセージを送り、「念のため、私の携帯番号はXXX-XXXX-XXXXです」とリマインドしましょう。万が一の「ど忘れドタキャン」をお互いに防ぐためです。忙しい人たちは、20回くらいに1回の確率でアポ忘れ(時間や場所の勘違い)をしますから…。

◉「悩む」と「考える」の違い

「考える」と「悩む」は違います。「考える」のは、選択肢の中から選ぶこと。一方、「悩む」のは、選択肢を挙げていない。選択肢が挙げられていないから、モヤモヤとした中をグルグルとさまよっているのです。ですから、まず選択肢を挙げましょう。

■選択肢で考える

悩まず、考えよう。**まずは選択肢を挙げましょう。**常に選択肢を挙げて物事を考えることで論理的な思考ができ、建設的な議論ができるようになります。

部下の話を聞く。クライアントの悩みを聞く。迷っている人から相談を受ける。こういうとき、冷静に話を聞いてみると、多くの方が選択肢を挙げずに悶々としています。そこで私は「選択肢を挙げてみてください。選択肢は何ですか？」とアドバイスします。

選択肢を挙げてもらうと、結局、その選択肢はＮＧであることが明らかになったり、選択肢のない一択であることが分かったり、議論がとてもクリアになります。スッキリする。ムダが省けます。

ほとんどの人（体感で95％の人）は、選択肢を挙げて「考えて」いません。ロジカル・シンキングができていません。だから、モヤモヤ・ウダウダ・ウジウジと「悩んで」しまう。

「自分や相手に、どんなオプションがあるのか？」
「要するに選択肢は何なのか？」

まずはそこから始めましょう。紙やホワイトボードに書き出せば、なおいいですね。メリット・デメリットまで整理しやすくなります。

常に選択肢を挙げて考える。選択肢を挙げれば、悩まないで「考える」ことができます。「迷ったら、悩んだら、選択肢を書き出す」、それだけでだいぶスッキリしますよ！

◉自分でその仕事をしない

私は「オタク」といえるくらい業務効率化に凝っています。ガジェット、PCのショートカット、単語登録…。でも、いちばんの業務効率化は、結局、**「自分でその仕事をやらないこと」**なんですよね。

人にやってもらうこと。または、機械化・自動化するなどして、その仕事や作業自体をなくす。特に今は、Chat GPTが発達して、容易に叩き台が作れる時代です。部下がいる方は、その仕事を「自分でやる必要があるか」を、しっかり吟味してください。

■究極の業務効率化「他人にやってもらう」

例えば、裁判書面のファーストドラフトは、アソシエイト弁護士や提携弁護士、パラリーガルなどに作成してもらう。ゼロから自分で書き始めないで、叩き台は作ってもらうべきです。以下の3つのメリットがあるからです。

1　仕事のとっかかりの心理的ハードルが下がる　↓　仕事が早くなる

2 叩き台をつくる人に当事者意識が高まる ↓ チーム意識が高まる
3 「Four eyes（4つの目で見る）」↓ 複数人でダブルチェックできる

誰かに叩き台を作ってもらうことは、「その仕事のモメンタムを得る」ために、いいフックになる。重い内容の書面を、自分でゼロイチから書き始めるのは心理的負担が大きい。また、スタッフの教育のためにも、自分でゼロから全てやるのではなく、叩き台はスタッフに作成してもらいましょう。

外部弁護士に叩き台を作成してもらって時間制報酬で稼働してもらうと、どうしてもその報酬をケチる意識が働き、サクッと依頼できない場合があります。この貧乏根性がいけない。部下がいる人は「叩き台は必ず作ってもらう」ようにしましょう。

書面の叩き台を作成するのは、やっぱり経営者の仕事ではありません。やるべきことを吟味して、「他人でもできる仕事はしない」。これが究極の業務効率化です。部下がいる方は、「自分の仕事を部下や Chat GPT ができないか」を今一度考え直しましょう。

◉一番のライフハックは「家庭円満」

「一番大事なライフハックは何かな？」って考えると、案外、「家庭円満」「夫婦円満」かもしれません。

配偶者と仲が悪かったり、夫婦ゲンカしてたりすると、如実に仕事のパフォーマンスが落ちますよね。気が散ったり、始終ムカムカしたり…。配偶者とケンカしているときの仕事のパフォーマンスって、たぶん普段の7割くらい。3割は落ちているんじゃないでしょうか。そう考えるとやはり、業務効率化のためにも「家庭円満」は大事です。

■相手を「変えよう」と思わない

じゃあ、どうやって夫婦円満になるか。要は、「諦めること」と思います。相手に至らないところがあっても、文句を言わない。**相手を「変えよう」と思わない。**だって、**全て自分の責任**だから。結婚当時に、その程度の配偶者しか選べなかった自分の責任です。他責しても何も始まりません。犬も食わない夫婦ゲンカ以外。

それに、相手への不満は、全て自分への不満としてブーメランで返ってきます。**人間関係は鏡。**諦めが肝心。何があっても離婚しないと固く心に決めること。それがたぶん夫婦円満の最高で唯一の秘訣ではないでしょうか。

あとは、できれば嘘でも、愛の言葉を語るといい。愛していなくても、愛の言葉をささやく。たぶん欧米人はみんなやっています。私も毎日言っています。「大好きだよ」「いつもありがとね」「１００万回生まれ変わっても１００万回結婚しようね」みたいな、愛の言葉をね（笑）。

そう思っているかいないかは重要ではありません（いや、思っているけど）。夫婦円満のために愛の言葉をささやく。これも夫婦円満の秘訣です。

そして、毎日のスキンシップを忘れないこと。スキンシップしたくなくても、スキンシップする。いや、俺は毎日したいけどね（笑）。

■3点セットで夫婦円満に

家庭がしっかりしていないと働けない。夫婦ゲンカがあると業務効率が悪化する。だから、業務効率化のためには、まず家庭をしっかりすること、夫婦円満にすること

です。そのためには、

1　配偶者を諦め
2　愛の言葉を囁き
3　スキンシップをする

この3点に尽きます。結婚とは、諦めた配偶者に対しても愛と感謝の言葉を囁く修行なのかも知れません（!?）。

私は結婚して14年目ですが、はい、夫婦ゲンカをしたことは一度もありません。多少のいさかいはもちろんありましたが、私の中では夫婦ゲンカとは思っていません。

家庭はロジックの場所ではありません。共感の場所。夫婦ゲンカの多くも、「何を言ったか」という内容ではなく、「どう言ったか」という言い方に原因がありますよね。ですから、相手が不機嫌になったら、へーこらと（笑）謝っていればいいんです。夫婦ゲンカなんてのは、「謝罪のセレモニー」に変えちゃう。**夫婦ゲンカの勝者は「先に謝った者」です。**

コラム 2

略語を多用しよう

業務効率化を突き詰めている、我が中山国際法律事務所では、頻繁に使う用語はすぐ略称をつくります。

たぶん50個以上はありますが、ご参考にいくつか紹介します。メモを残す際や、メールをする際などの時間短縮化につながります。

■頻繁に使う用語の略称例（一部）

SVP…よろしくお願いします（シルブプレの略）
NN…不要です（No Need）
NNS…不要なら捨ててください
LD…お話しましょう
PSM…私のところにいらしてください（Please see me）
BF…ブリーフィング
TO…タイトルオンリー（メールの内容略）
PO…プリントアウト
FM…家庭の用事
TW…テレワーク
SQ…請求
MR…マンスリーレポート
MM…マンスリーミーティング
NS…内容証明郵便
JS…準備書面
CT…裁判所
KH…期日報告書

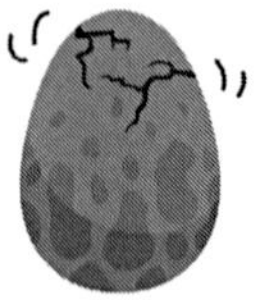

Chapter 2

ムダな仕事が消えていく

――IT活用術

◉単語登録マニアになろう

私は単語登録マニアです。人に「ケータイに単語登録してますか？」って聞きまくっていますが、みなさんほとんど単語登録をしていない。おそらく、10人に1人もいないですね。予測変換だけに頼っているんです。みなさん人生を損してますよ。

業務効率化のためには、もっとカスタマイズすることをおすすめします。私はたぶん、日本の弁護士の中で、いやもしかしたら世界で一番、携帯電話に単語登録しているかも。約850個を登録しています。これほど単語登録している人は、俺くらいだろうなぁ！と自画自賛しています。

■複数の読み方で単語登録

例えば、この記事で使った「単語登録」「業務効率化」「弁護士」「私」なんて単語は当然、パソコンのみならず携帯電話にも単語登録しています。「私」をパソコンで「WATASHI」なんて7字も打つのは人生のムダづかい。「wt」の2字で登録したほうが人生を有効活用できます。

私は、秘書さんに「了解しました。ありがとう！」というメールを返すときに、英語で「Noted with thanks!」と返事をしたりするんですが、これも「んwt（ローマ字入力で nwt と打ちます）」で単語登録しています。3字で済みます。

登録した単語の内容を数えてみたら、あいうえおの「あ」で始まる単語だけで44個の単語を登録していました。うまく登録するコツは、読み方を確実に覚えなくても済むように、**複数の読み方で登録**してしまうことです。1つの単語をいろんな読みで単語登録する。登録した読み方を思い出す労力をかけないために。

■テンプレ文やURLも単語登録

よく使うテンプレ文も、全て単語登録しましょう。目安としては、**1週間に複数回使うような単語（フレーズ）は、みんな単語登録**すべきです。

例えば、次ページのような、よく使う表現や URL はそのまま単語登録しています。そうすると、「らんち」「さうな」と打つだけで、ラクラクと全文が入力されます。

・らんち…「ご多用の折とは思いますが、今度、ランチか、カフェか、サウナ（私はサウナーです）でもご一緒にいかがでしょうか」
・さうな…「赤坂見附駅すぐ、サウナ○○○ https://xxxxxxxxx.com/」
・tgh……「取り急ぎご報告差し上げます」
・いいあ…「今のところいずれも空いております。ただ、全ての予定をブロックするわけではありませんのでご了承ください」

効果的な単語登録の例を挙げます。「取り急ぎご報告差し上げます」については、元々は次の2つを単語登録していました。

・「取り急ぎ」＝tr
・「ご報告差し上げます。」＝gh

でも、これを毎日のように使うのに、「tr→Spaceキー→gh→Spaceキー」と6つもキーを打つのはムダです。**「取り急ぎご報告差し上げます」を「tgh」で単語登録**したほうがいいと気がつきました。キー3つで済むからです。このように、とにかく短い読みで登録しましょう。

また、他の読みと混同しないために「;」（セミコロン）を登録する読みの中に入れることもおすすめです。

ビジネス本をバカにする人がいますが、こういう優れたノウハウがたまに学べるので、適宜ビジネス本はチェックしましょう。

‹ キーボード　ユーザ辞書　＋

あいし	国際人権Ｂ規約（日本も１…
あいひ	シンガポールの環太平洋法…
あう	Apple Watch
あうて	Audible
あうで	Audible
あかいち	赤坂一丁目ドトール https…
あかどと	赤坂一丁目ドトール https…
あくせ	http://www.nkymlaw.jp/ac…
あくせす	http://www.nkymlaw.jp/…
あけ	あけましておめでとうござい…
あげ	Agenda
あじ	麻布十番

▲あいうえおの「あ」だけでも44個の単語を登録しています（スマートフォン画面）

◉業務効率化はタイピングから

日本人の半分以上がキーボードで「p」を小指で打っていません。ブラインドタッチが完璧にできていません。これでは英語を打つときに特に苦労します。私もそうでした。だから、40歳になってから5年以上、タイピングのリハビリに取り組みました。それまで20年以上、間違った運指をしてきたから治すのが大変でした。

■ミスタイプは人生の時間のムダ

現代人の多くは、1日に少なくとも1～2時間はキーボードを使って何かを書いています。その人のタイピング正答率が95％で、それを訂正するのにさらに10％の時間を使うとします。この場合、合わせて15％の時間がムダになっています。そうすると、毎日15～30分くらいは時間をムダにしていることになります。

これは1週間に2時間。月に8時間。年間で100時間。1日12時間の稼働を想定すると5日分に相当します。タイプミスのせいで、年に丸々1週間をムダにしているってことですね。すごいムダだ。

ミスタイプほど人生の時間をムダにするものはありません。だから私は、毎朝、毎晩、タイピング練習をして運指を矯正しました。ミスタイプのない人生を歩みたい。**タイプ速度は業務速度です。**業務効率化と生産性向上は、タイピングから始まります。

■タイピングは脳

タイピングって、「どのキーをどの指で打つか」という「脳」のトレーニング。「指」のトレーニング要素も一部ありますが、タイピングは脳のクセの矯正です。

脳が、「このキーはこの指」って覚える。私の場合、それを20年間、間違ったキーで刷り込んでしまったから、矯正するのに骨が折れました。私も毎日タイピング練習を続けて「指」のみならず「脳」を矯正しました。

■指のリハビリ

タイピングで「p」を小指できちんと打てないと、コンマ／読点（、）や、ピリオド／句点（。）の指もずれる。これらは、それぞれ中指と薬指できちんと打つべきです。

私は、数年前までこれができておらず、右手の薬指の動きが悪かったのです。私のように、左手よりも右手の薬指や小指の動きが悪い人は多いです。

私は、ソフトを使ったタイピング練習だけでなく、通勤中の自転車や車のハンドルを握る際にも、五指でハンドルを握って、薬指だけ上げる（動かす）というリハビリをしたりして、薬指の動きを活発にしました。いわば**指のリハビリ。**今では右手の薬指の動きは、左手薬指の動きより良くなっています。

■ホームポジションをキープ

英語の仕事をしていると、日本語ではほとんど使わない「c／l／p／q／v／x／z」とかを、うまく打てないことに気づきます。原因は、ちゃんと指定の指で打っていないからです。

ですから、英語を使う人は、よりブラインドタッチをする必要性が高いんです。日本語では使うことが少ないキーのブラインドタッチをマスターしましょう。例えば、「pupil.」をストレスなく、ミスなくブラインドタッチできる日本人って、たぶん1割もいないいんじゃないでしょうか。

あと、私は昔、「Enter キー」は薬指で打ってました。そういう人が半数以上、いや7割くらいだと思います。だけど、いろいろ調べたら、やはり小指のほうがいいです。小指だと、ホームポジション（右手人差し指が「J」の位置）から崩さずに「Enterキー」が打てます。ですから私も小指に矯正しました。

あまり使わない「p」とか「-」（ハイフン。遠いよね！）、「Enterキー」「Deleteキー」、これらはやはり**全て小指で打ったほうがいい**。指がホームポジションからズレないからです。これらをみんな小指で打てると、よく使う「。」（句点）とかもホームポジションの位置を崩さずに、ストレスなく打てるようになります。これらを薬指で打っている人は、句点などを薬指で打つときにミスタイプしやすくなります。

■おすすめタイピング練習

新人弁護士とかを見ていると、文章力のつたなさがタイピング能力に起因することも多いです。タイピング能力がおろそかだと、誤植も増えますし、1つひとつの単語や文章を打つことに気をとられて、文章全体、書面全体の構成とか美しさに気を配れなくなるのです。ですから、我が事務所では、内定を与えた司法修習生には入所前にひたすらタイピング練習をしてもらっています。

ブラインドタッチが完璧にできるよう、タイピングの矯正をするために、私は様々なリハビリを実践しました。いくつか紹介します。

1　オンラインのタイピング練習サイト

日本語と英語それぞれで練習。これらは正答率が表示されるので、成長度合いの目安になります。とりあえず正答率95％以上を目標にしましょう。つまり、20文字打って1文字も間違えない。それくらいできると、自然にスピードもついてきます。

2　ひらがな50音をひたすらタイプする

「あ・い・う・え・お・か・き・く・け・こ・さ・し・す・せ・そ……」と打っていき、最後までいったら、「が・ぎ・ぐ・げ・ご、ぱ・ぴ・ぷ・ぺ・ぽ」などの濁音や半濁音も。

3　英語を使う人向けの練習

例えば「ぱぴぷぺぽ（papipupepo）、ぁぃぅぇぉ（lalilulelo）と打つ。これを「c」

とか「x」とか「v」とかでもやってみる。特に、日本語で使わない「cacicuceco」とかはタイプしにくいはず。

いろいろ技術が発達して音声入力やＡＩが主流になっても、我々の目の黒いうちは、まだまだタッチタイピングの重要性は高い。日々のタイピングをストレスなくできることが、業務効率化につながります！

ブラインドタッチで
ムダな時間が減るゾーー！

◉使わないキーは削除

多くのキーボードには、「決して使わない」無駄なキーがあります。そういう無駄なキーは、思い切って、**物理的に、取り外して**しまいましょう。

■「F1」キーの削除

キーボードの左上にある、「F1」キー。これを使ったことある人はいないと思います。一方、その右隣りの「F2」キーはエクセルなどで多用します。決して使わないF1キーを、キーボードから物理的に取ってしまいましょう。引っこ抜くだけで、簡単に取り外せます。

これにより、多用するF2キーを見なくても、ブラインドタッチで操作できるようになります。間違ってF1キーを押すこともなくなります。

■「Insert」キーの削除

キーボードの右上にある、「Insert」キーも、間違って押してinsert（挿入）機能がONになってしまい、タイピングで混乱してしまった経験がありませんか。このInsertキーも、百害あって一利なし。使わないのに存在する。思い切って、キーボードから取り外しましょう。

このF1キーとInsertキーの2つを削除すると、最初は、見た目が悪いので抵抗感を感じるかもしれません。しかし、2週間で慣れます（笑）。カッコを重視し、使わないキーを間違って押して、人生の無駄遣いをするのはやめましょう！

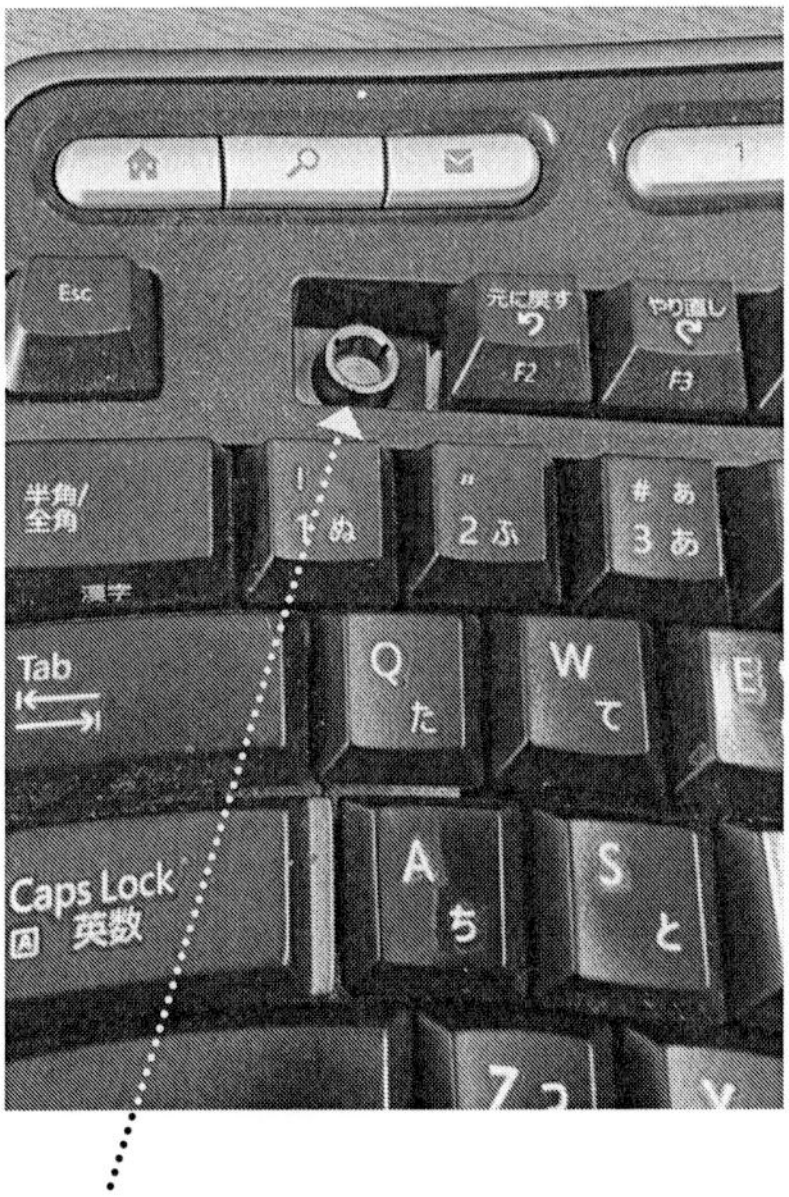

▲「F1キー」「Insertキー」などの決して使わない無駄なキーは、思い切って取り外しましょう。

◉モニターと作業効率の関係

私は「5連モニター」を愛用しています。2つはデュアル、3つはトリプル、4つはクアトロ。5つは何て言うんですかね？

■モニターサイズと業務効率は比例する

私はモニターを縦にして使っています。なぜなら、スクロールする手間を極力少なくできるから。最もよく使うA4サイズの文書を縦に1ページ丸ごと表示できる。そして、縦モニターなら、デスクにたくさん並べられるからです。

モニター5つを縦に並べるこの「5連縦モニター」を使ってきました。27インチが5つだから、合計135インチ。**「モニターの大きさと業務効率は比例」**します。

実際、27インチモニターを4台から5台に増やしたら、20%くらい業務効率が向上しました。フォルダやウィンドウの移動・縮小・最小化をする場面が減るので、そういう作業に費やすエネルギーが節約されているからでしょう。

なお、最近は1つの縦モニターを32インチの横にしました。メーラーやエクセルを見るときのためです。みなさんも是非、デュアルでもトリプルでも、複数モニターに挑戦してください！

■キーボードをカスタマイズ

キーボードも、業務効率化のためにはこだわりましょう。私が15年くらい使ってるキーボードは、手首が疲れない。カスタマイズボタンが5つあって、ボタン1つで、辞書・カレンダー・メモ・タイムシート・執筆原稿の5種類を、それぞれ開くことができます。こういう日々の

▲モニター５枚・複数のモニターは業務を快適に効率化させます。

「アクセスしやすさ」って、業務効率化のためには大事ですね。

ちなみに、ある後輩弁護士に「業務効率化のネタない？」って聞いたら、「分離（ダブル・デュアル）キーボード」がいいと言っていました。右手と左手で分離されているものです。肩がこらないそうです。肩がこる人は参考にしてください。

私の愛用キーボードも、中央部分で数センチ分離されているので、肩はこりません。

毎日使うキーボードやモニターには、ケチらずにしっかり投資しましょう！

▲愛用のキーボード。手首が疲れないアルゴリズムです。

コラム3

オンライン会議のルール

オンライン会議は、やっぱりリアルとは違う難しさがあります。私が提案するオンライン会議のルールは次の3つです。

1 **短く話す**…1分以上話さない。すぐボールを他の人に渡す。(テニスの前衛のように) すぐ打ち返す。

2 **テンションのギアを2つ上げる**…ギアをあらかじめ2つ上げて、テンション高く。普段のテンションより2段高く、スーパーハイテンションで。

3 **刺さることしか言わない**…結論から話す。ウダウダと理由とか、言い訳とか、説明とかはしない。「刺さる」ことだけ言う。

でも、やはり面と向かってやる会議のほうが、効果的な発言ができますねぇ…。

◉ちゃぶ台スタンディングデスク

私が「スタンディングデスク」を採用し始めたきっかけは、クライアントのオフィスで見て「ビビッ」と来たからです。「集中できそう！」と瞬間的に思いました。『運動脳』（アンデシュ・ハンセン著、サンマーク出版刊）によると、今、スウェーデンではスタンディングデスクが流行していて、利用した学校でのテストの成績が10％上がったそうです。

■スタンディングデスクの効果

「立っていて疲れない？」と聞かれますが、私の場合は1日中（12〜15時間くらい）立っていても、疲れません。まぁ、これは私が空手の黒帯を締めて日々身体を鍛えているからかもしれませんが…？

スタンディングデスクには、次のメリットがあります。

1　作業効率向上

いくつかの研究データによると、10%くらいアップするようです。でも、2の集中力持続効果があるので、体感的には20〜30%は上がる気がします。

2 集中力持続

集中力の波がなくなる。ネットサーフしなくなる。午後の眠気がなくなる。立ったままネットサーフしたり眠ったりしません。

3 肩こり解消/腰痛防止

肩こり・腰痛がなくなります。

スタンディングのデメリットは、気をつけないと魚の目になることです。対策としては、床に柔らかいマットを敷いて靴を脱ぐ。私は厚さ5センチくらいのマットを敷いています。

なお、立っているときに寄りかかれる「スタンディングチェア」をおすすめし

▲スタンディングチェアはおすすめ！

ます。背中の、腰の部分で寄りかかる。これはスグレモノです。さらに疲れないです。

■中山流は、ちゃぶ台1つ！

「スタンディングデスクってどうやるの？」と聞かれます。もともとスタンディングの形になっている商品もありますし、昇降式、つまりスタンディングにもシッティングにもできる可変式のものもあります。立つのに疲れたら座ればいいという。ただ、値段は高いでしょうし、座れるという甘えがあると、つい座って使ってしまうような気がします。

オフィス用品メーカーとかで探せばいろいろあるんでしょうけど、いきなりスタンディングデスクを買うのは度胸が要りますよね。イスに座る通常のスタイルに戻そうと思っても、簡単には戻せませんから。

そこで、暫定的に試してみたいという人に、安価で手軽なやり方をおすすめします。**必要なのは、ちゃぶ台1つ**（5千円くらい？）。このちゃぶ台を自分のデスクの上に重ね、その上にキーボードを置きます。なお、ちゃぶ台のほかにモニターを持ち上げる置き台もいくつか必要ですが、これも5千円以内でしょう。

これでおそらくスタンディング状態にピッタリの高さになります。この「ちゃぶ台スタンディングデスク」のメリットは、デスクとちゃぶ台の間（高さ50センチくらい）が、そのまま物を置くスペースになること。ちゃぶ台の上と下の両方に物を置けるので、収納スペースが増えるんですね。

スタンディングデスク、とてもおすすめです。普通のデスクにちゃぶ台を買うだけで、数千円で簡単にできます。是非お試しあれ！

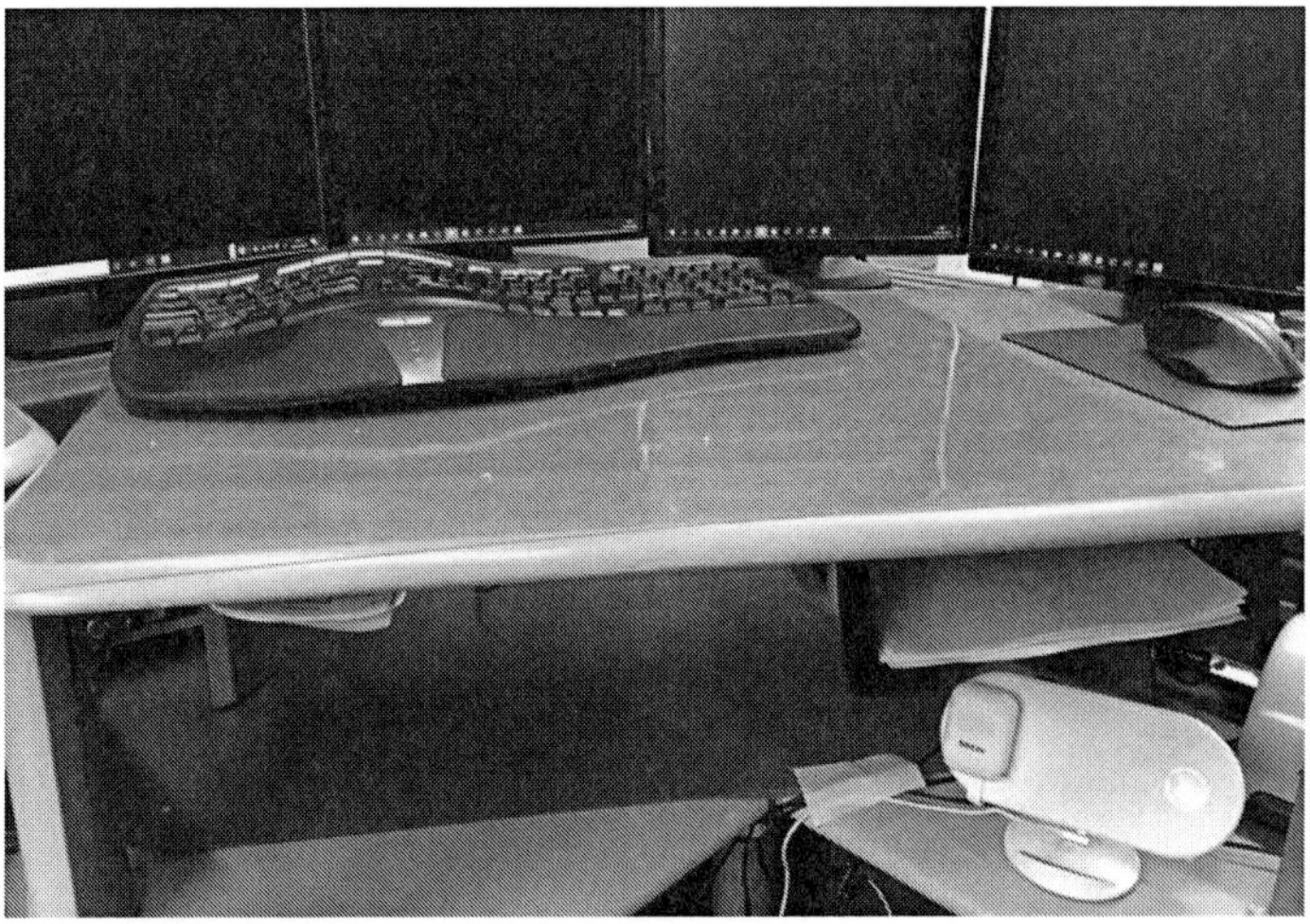

▲ちゃぶ台とモニターの置き台でスタンディングデスクを設置。
ちゃぶ台の下は収納スペースにもなる。

◉ラップトップは打鍵感が命

iPad のキーボードは、Smart Keyboard ではなく、Magic Keyboard がおすすめです。これは iPad Pro 専用。この Magic Keyboard は、ビジュアル的に「浮いている」感もクールですよね。

いろんな業務効率化ツールを試してきた中で、「iPad Pro + Magic Keyboard」が最強。Magic Keyboard は、とにかく打っていて快適です。

キーボードは、これだけで3万円くらいしました。高かったです。でも良かった。打鍵感は全てに優先するからです。**「打鍵感は命」**です。

もう私は、四六時中、ほんとうに四六時中、この iPad Pro + Magic Keyboard を持ち歩いています。お風呂に入るなど、生理的な何かをしているとき以外は、常に愛用しています。もう愛機ですね。まさに身体の一部です。そして脳の一部みたいなもの。

ちょっと空いた時間に電子書籍アプリ Kindle を開いて読書するだけでなく、ひらめきをメモったりします。だいぶ高かったけど、とてもいい投資でした。タブレット端末は、もうこの「iPad Pro ＋ Magic Keyboard」一択。強力におすすめします。

毎日使うガジェットの打鍵感は大切にしたい。なお、打鍵感だけで言えば、Macbookが最強ですよね？　毎朝毎晩、私は自宅でこの打鍵感を感じるためにブログを書いているようなところがあります。

加えて、Macbookの「Better touch tool」はほんとうに「神」ですね。「Tip Tap ＋右」「Tip Tap ＋左」でのタブ移動とか、いいですよね〜。使っていて、とても楽しい♪

▲タブレット端末は「iPad Pro ＋ Magic Keyboard」を強力におすすめします。

◉神ガジェット・Apple Watch

腕時計を10年間以上もはめなかった私が、もう5年以上、24時間ずっと「Apple Watch」をはめています。

Apple Watchの利用者は世界で2億人弱。iPhoneユーザーのおよそ10人に1人。こんなに便利なのに、まだ多くの人はApple Watchを「時計」だと思ってるんでしょうね。Apple Watchは、時計というよりは、決済とか健康管理に優れたガジェットなんです。実際、愛用している私も時刻を確認することはほとんどありません。

タイマー、カレンダー、睡眠時間管理、ランニングアプリ、決済、メモなど、**時計以外の機能が9割**を占めるんですね。製品名から「Watch」を取ったほうが売れるんじゃないかと思うほどです。ほんとうに1人でも多くの人に使ってほしいと思います。

私がApple Watchでデフォルト表示に設定しているアイコンは、

・スケジュール（クラウン回せば次の予定が表示される）

・充電状況（電池切れを防ぐため）
・Audible（ランニング時に）
・音声メモ（ひらめきを音で入力）
・タイマー（よく使う）

です。あとよく使うのは、「Nike Run Club」というランニングアプリですね。

■ Apple Watch おすすめ機能

Apple Watch のおすすめ機能を紹介します。

1　タイマーの音声入力

「10分集中して書面を書く」とか「20分後に会議だな」とかの場合に、私はApple Watch デフォルトのタイマーを使います。音声入力で「Hey Siri、10分のタイマーかけて」みたいに。自分で「10分のタイマー」とか口に出すことで、自分がちゃんと記憶でき、Apple Watch が「10分のタイマーをかけます」と音声で復唱するから、そこで頭に再度インプットされる。Apple Watch の細かいボタンをタップするストレスがありません。

おすすめなのは「タイマーを常に15分でセットする」。これにより、15分ごとに自分に対して、ビビッと振動で時間のリマインドを送る。ボーっとしたり、ネットサーフしている自分に喝を入れます。**ポロモドーロテクニック**の1つです。音は鳴らない。振動で教えてくれるので、周りの人の迷惑にならないのもいい。ちなみに装着していない場合は、時間が来たらピピッと音で知らせてくれます。

2 スケジュール管理

Apple Watchでこれをチェックしてから1日が始まります。こうやって「次に何をするか」が常にスケジュール表示されているため、安心です。自分で自分の時間をコントロールしている感があり、幸福感が高まります。

携帯とかPCでスケジュール管理していると、携帯とかPCを見た際に気が散って、他のアプリとかウィンドウを見てしまい、集中力が途切れるってことがありますよね。Apple Watchではそうやって気が散ることがありません。

また、「Hey Siri, 火曜の10時にミーティング」って言うだけで、Googleカレンダーのスケジュールにすぐに登録されます。

3 ウェアラブル決済

Apple Watch の決済はやっぱり楽。生活の8割は、これで日常の決済をしています。Paypay で、スイカで、銀行決済（ネットバンキング）で、どこでも、すぐに！顔面認証も携帯電話も要らず、かざすだけで支払いができる。コンビニ、レストラン、ファミレス、本屋、タクシー、電車…。現金や小銭を持ち歩く、そんな古風な時代にはもう戻れません。

これら以外にも、次のような Apple Watch の機能を毎日、活用しています。

4 **iPhone を探す機能**…音を鳴らして、iPhone を探す。1日数回使っています。Apple Watch の一番のおすすめ機能かもしれません！

5 **通知機能**…通知が便利。iPhone に頼らなくていい。

6 **アラーム**…タイマー同様、装着時は振動で知らせてくれる。音無しなので、一緒に寝ている家族を早朝に起こさないで済む。

7 **電話**…手元に携帯がなくても通話できる。Air Pods を組み合わせればベスト。携帯電話に触れずに受電できる。

8　**自動ログイン…**Macbookを立ち上げる際、自動ログインできる。

9　**健康管理の機能…**毎日の運動量や時間等を計測。距離・速度・心拍数や、月間走行距離の累算、平均時速が表示される。

歩数計や運動アプリとの連携で、ランニングや水泳の管理ができ、健康意識が高まる。プールでも泳ぎながら音楽が聞けるってのはすごいね。

人生100年時代、今のうちから毎日しっかり健康管理した人が「勝ち」ですよ〜。

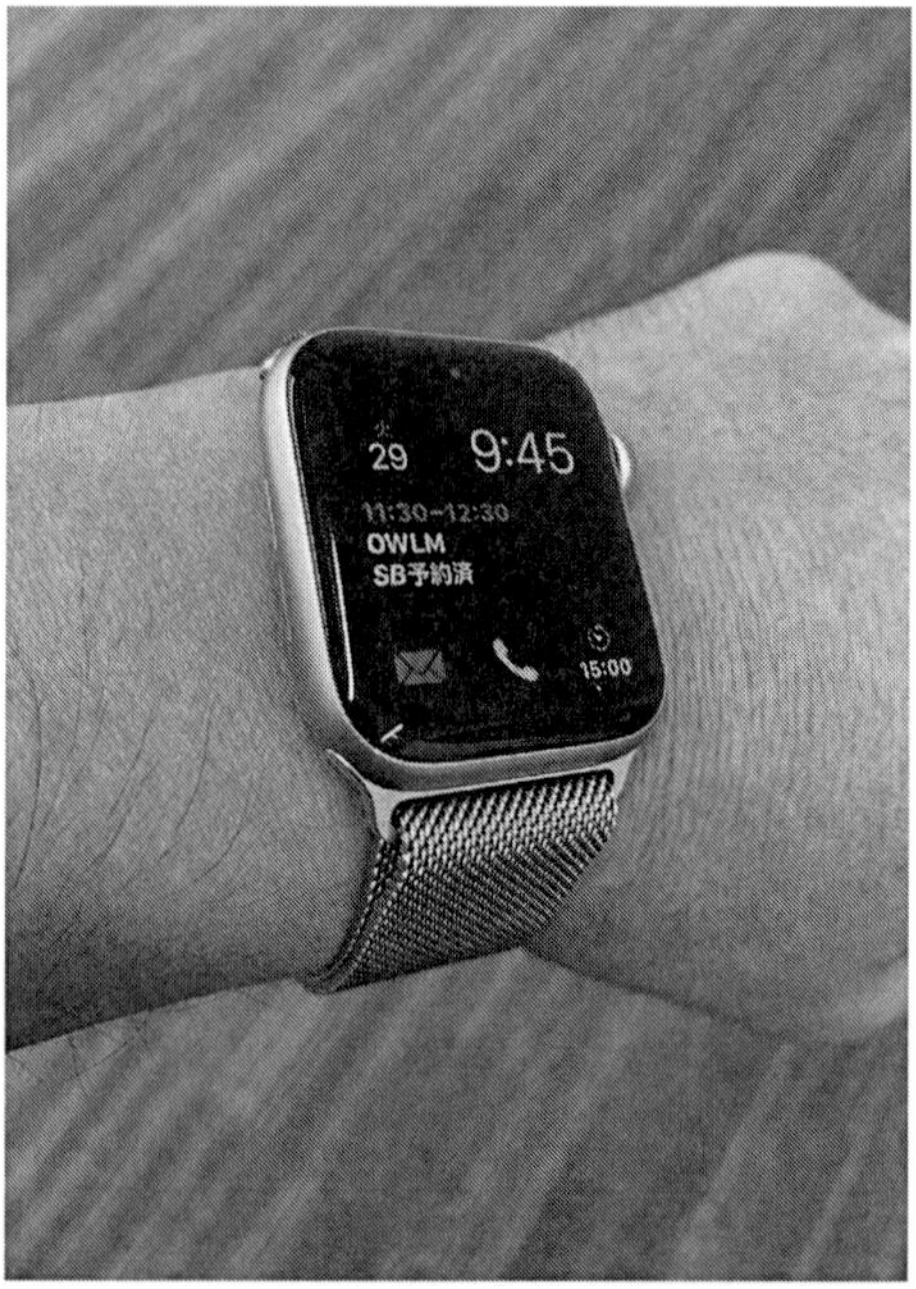

▲Apple Watchを使いこなすと自分の時間をコントロールしている幸福感を味わえます。

コラム 4

私の気分転換は・・・・

みなさんの気分転換は何でしょうか？　Twitter（X）や Facebook を見る？　ニュースサイトや新聞社サイトを見る？　コーヒーを飲む？　体を伸ばす？　私は手動設定にしている「メール受信」が気分転換です。たまに気持ちの切り替えで「Alt キー＋1」（カスタマイズ設定しているクイックアクセスツールバー）を押して、メールを受信します。

業務効率化のためには手動受信にしたほうがいい。メールを自動受信にすると、いちいち気が散るからです。ある程度経験を積んだ人は、自分が気に入ったタイミングで手動でメールを受信しましょう。若手は、自動受信にして全ての受信メールを即座に認識したほうがいいのかもしれませんが…。

そんな「手動受信派」の私にとっては、メールの受信作業は一番の気分転換。「ふぅ、一段落したぜ。さて、メールでも受信するかな」という感じで。これはおすすめです！

◉最強メモアプリはGoogle Keep

メモアプリの最強は「Google Keep」。私は、遅くとも2016年には使い始めています。その後も「いいメモアプリないですか?」と、たぶん100人を超える人に聞いてきたし、数十冊のビジネス本を読んで、いいメモアプリを探求してきました。

結論として、Google Keepを超えるメモアプリはありません。

最近でも、評論家の佐々木俊尚さんや勝間和代さん、バイオリニストの廣津留すみれさんなどがGoogle Keepを激賞しています。

■記憶のアウトソーシング

私が毎日、いや毎時間お世話になっている優れものアプリGoogle Keep。とにかくUI/UXがいい。ふせんのように使えて、音声入力もできる。何といっても一番いいのは、**「全ての端末で同期する」**こと。携帯も、ラップトップも、タブレットも、全て連携(=即時同期する)。その点で、Google Keepに優るものはありません。

特に、日常のメモに重宝してます。記憶のアウトソーシングです。

「ちょっと思いついたらメモ」「自宅に忘れてきたと気づいたら事務所でメモ」「事務所に行ったらやるべきことを自宅でメモ」「歩いていて何か思い出したらメモ」という具合に。そして、それが携帯やパソコンなど全ての端末で即座に同期するので、いつでも、どこでも、どこからでも、何をやり残したかが明確に分かります。Apple Watch、iPhone、iPad、そしてマイクロソフトのパソコンでも。

これにより、**「記憶する・思い出す」という作業に脳のメモリを使わない**で済みます。脳は、コンピュータと同じで「考える」機能にこそ、メモリを消費すべき。「覚える」という機能に一切メモリを使わないほうが良いです。これが業務効率化に最も大事です。もうこの Google Keep がないと私の業務効率は15％くらい落ちます。「記憶する」という、私の脳の機能を代替してくれています。

■「フロー」のタスクは Google Keep に

ストック＆フローでいうと、すぐ消える「フロー」のメモは Google Keep に。これやらなきゃって To Do を常にここにメモ。例えば、「クレカの置き場所を自宅から事務所に移す」「◎◎を支払う」「息子に××と伝える」「△△さんに礼状を書く」とか。

こういう「1週間以内に処理するTo Do」は、このGoogle Keepに。

一方、しばらく残る「ストック」のメモは「One Note」に。年間目標管理とか、期日打ち合わせメモ、「1 on 1」ネタ管理、メルマガネタ整理など、1週間以上、月単位で残しておくもの。こちらも、端末（Windows／Mac）や携帯キャリアに依存せず即座に同期します。EvernoteよりUI／UXがいいです。

こうやって、**フローのメモとストックのメモは分けて**管理しましょう。

■Google Keepのおすすめ機能

1 ピンで固定する機能

「ピンで固定」機能を使うと、冒頭にメモが出てくるので探しやすい。家や職場でやること、ブログに書くことなど、決まったシーンでやることは、メモをピンで固定し、そのメモの中でチェックボックス機能を使いましょう。

2 アーカイブ機能

メモしたTo Doが終わったらアーカイブ化。数週間して「あれって、もうやったっけかな」って思い出すときに、このアーカイブ機能が活躍する。アーカイブ機能から検索すると（ちゃんと検索機能もある）、「何月何日にアーカイブした」ってことが分かる。これで覚えていなくても、「ああ、もうあの To Do は済んだんだな（処理したんだな）」ってことが分かる。Google Keep のいい点は、こなした（処理した）To Do を、「削除するんじゃなく、アーカイブする」ってことです。

日常の To Do 管理には、是非 Google Keep をご活用ください！

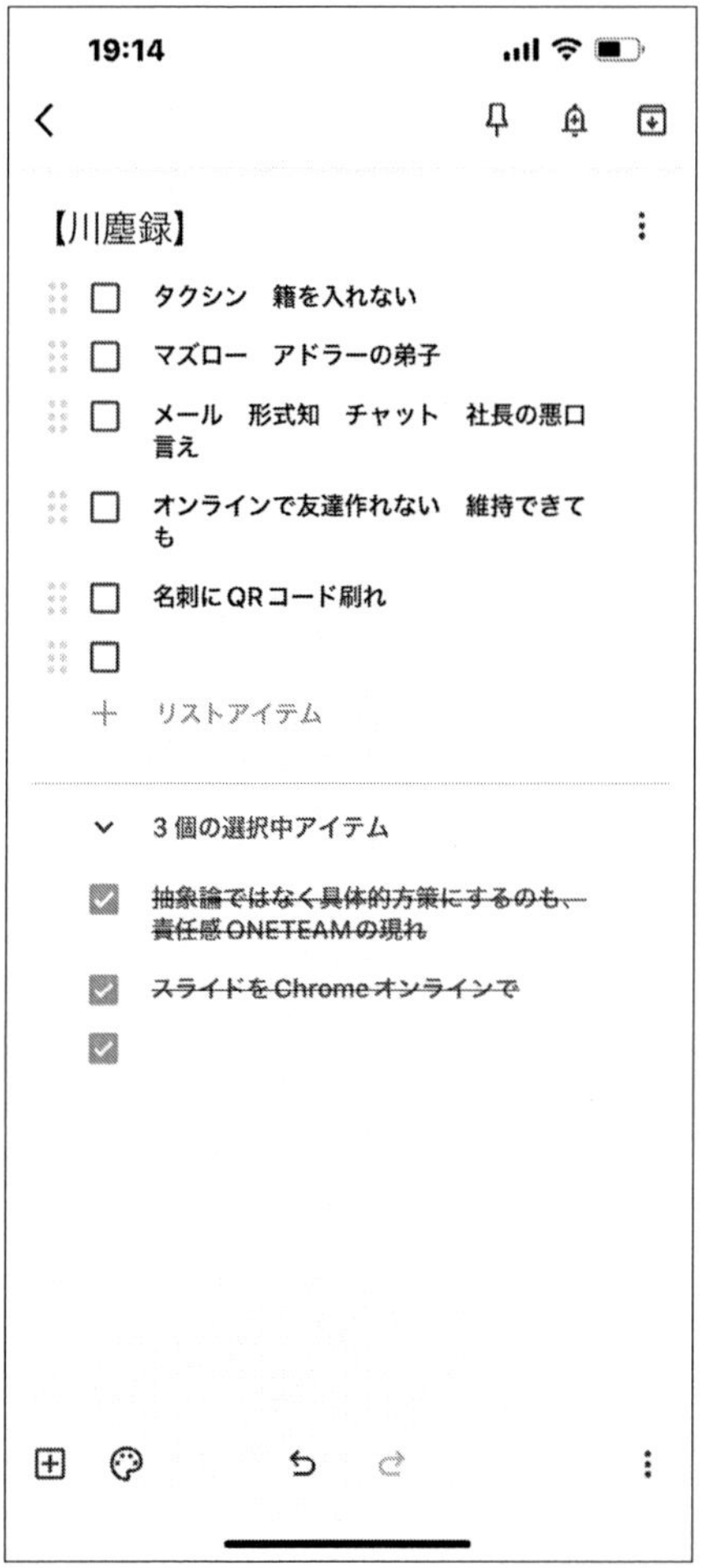

▲「ピンで固定」という機能でメモをピンで固定。そのメモの中でチェックボックス機能を使うと管理しやすくなります。

◉ BIZ UDP明朝 Mediumがいい

Word文書のフォントを、長年使い慣れた「ＭＳ明朝」から「BIZ UDP明朝Medium」に変えました（Windowsです）。Facebookの弁護士グループで、ＭＳ明朝から乗り換えている人が多かったからです。フォントは**太くて見やすい「BIZ UDP明朝 Medium」に変えるべき**ですね。

■このフォントのメリット

このフォントには以下のメリットがあります。

1　細すぎないので（特にモニターで）見やすい

ＭＳ明朝って、モニターだと細すぎて実は見にくい。このフォントは、紙でもモニターでもきれいに見える。老眼の人にはほんとうに嬉しいフォント。

2　アルファベットや数字も見やすい

ＭＳ明朝だと数字やアルファベットが「Century」みたいな（特にモニターで）見づらいフォントになってしまう。

3　数字の「全角／半角」の区別がない

何より、このフォントだと数字の全角・半角のいまわしき区別がない。どう打っても数字は同じ。つまり、デフォルトで**「数字の全角と半角の区別がない」**のです。いちいち数字を全角か半角かで統一する作業がなくなり、日本中の書面作成の効率が1～2％は上がるでしょう。

もう日本中が、この「BIZ UDP明朝 Medium」を採用すべきですね。日本のGDPは550兆円ですから、2％として約10兆円。フォントを変えるだけで10兆円の経済効果が出る。岸田首相がアナウンスすべきですね、「BIZ UDP明朝 Medium に変えろ」って。

もうこのフォントに変えない理由は見当たりません。今すぐ乗り換えを！

BIZ UDP 明朝 Medium：	BIZ UDP 明朝 Medium がいい
MS 明朝：	BIZ UDP 明朝 Medium がいい
BIZ UDP 明朝 Medium：	2023年4月1日
MS 明朝（半角）：	2023年4月1日
MS 明朝（全角）：	２０２３年４月１日

▲BIZ UDP 明朝 Medium と他のフォントを比べると明らかに優れていることが一目瞭然です。

◉イケてるパワポ資料

私は15年間、毎週のように何百回とパワーポイント（パワポ）を作って人前で講演してきました。ですから、パワポ作成には自信があります。以下はみなさまのプレゼン資料作成のご参考に！

1　1枚30文字以内で

プレゼンは「感性」に訴える部分が多いので、パワポは、**テキストを減らして、写真を増やす。**文字量を減らして、イメージを画像や図表で伝える。1スライドで表示する文字（テキスト）は、30文字くらいにとどめましょう。徹底的に、ノイズは除去しましょう。そして、大きなファントで表示しましょう。

2　1ページ1分で話す

私は正確に「1スライドあたり1分」で話しています。30分のセミナーならスライド30枚。60分なら60枚。3時間なら180枚。だからどんな依頼が来ても、過不足なく、時間キッチリで話せます。パワポ1枚あたり○分くらいっていう自分の速度を知っておくと便利ですよ。なお、オンラインセミナーでは、1スライド45秒くらいに早めたほうが聴衆は飽きません。

3 「セクション」を活かそう

例えばパワポの内容を「イントロ／目次／解凍／変化／再凍結」みたいに分類する。その分類を「セクション」機能で管理する。このセクション機能は、1つのテーマのパワポを別のプレゼン用にアレンジするときに重宝します。「今回は○○のセクションは削ろう」「別資料の△△のセクションをコピペしよう」という調整ができます。まだ活用していない人は是非ご活用ください。

4 Chrome（クラウド上）でつくれる

「Google Chrome」の検索窓に「slide.new」って入れるだけで、Chromeで（クラウド上で）、スライド（Microsoft PowerPointに相当）がつくれる。これは自動的に「Google Drive」に保存される。つまりクラウド化されるわけです。こうやって作って、Google Driveの中に入れておくのが、1番てっとり早いのかもしれません。しかも、このスライドは簡単にパワポに変換できます。

■プレゼンに使えるパワポのショートカット

- 「F5」…先頭のスライドから開始
- 「Esc」…スライドショーの終了
- 「Shift + F5」…現在のスライドから開始
- 「N ／ Enter ／ PageDown ／→／↓／ Space」
  …次のスライドを表示
- 「P ／ PageUp ／←／↑／ BackSpace」
  …前のスライドを表示
- 「Ctrl + P」…スライドにペンで書き込む
- 「Ctrl + I」…スライドに蛍光ペンで書き込む
- 「Ctrl + E」…スライドにある書き込みを消す
- 「E」…スライドにある書き込みを全て消す
- 「B」…画面を黒にする
- 「W」…画面を白にする
- 「Alt +↑」…音量を上げる
- 「Alt +↓」…音量を下げる
- 「Ctrl + D」…スライドのコピペ
- 「Ctrl + Shift +ドラッグ移動」
  …図形の平行／垂直移動してのコピペ
- 「F1」…ショートカットキー一覧を見る

パワーポイントを
うまく使いこなせば
プレゼン力が上がるゾー！

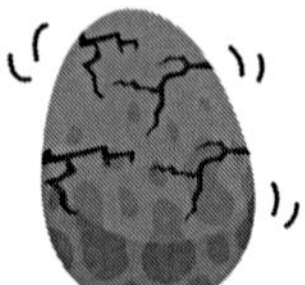

Chapter 3

やればやるほど差がつく
―読書術

◉「ときめき」読書法

効率的にたくさん本を読む方法をいくつか紹介します。

■「ときめき」速読法

まず、つまらないページは飛ばす。片づけ名人として世界中で知られているこんまり（近藤麻理恵）さんにならって、**「ときめかないページは飛ばす」**という読み方です。名づけて「ときめき速読法」です。

ときめかないページの字面を追うことは、人生のムダです。これで昨年は、年間550冊を読みました。

■検索読み

佐藤優さんの『読書の技法』（東洋経済新報社刊）で「5分で読み終える超速読法」を紹介しています。

①5分で読み終えると決める

② 最初（はしがき）と最後（あとがき）だけ読む
③ あとはページをめくるだけ（フォトリーディング、気になるところを拾う）

この佐藤さんは、**速読のコツは「新聞を読むのと同じ」**と言っています。新聞を隅から隅まで読む人はいない。毎日読む新聞は、そんなに時間をかけて読むものではないからです。本も同じです。気に入ったところ、気になったところだけ読む。全部理解しなくてもページをめくる。こう考えると、「読書」というのは、本を「読む」というよりは、むしろ、**本から情報を「検索する」**営みです。

その意味でも、紙の新聞を読むことは速読の力をつけるのにいいですね。特に、親が紙の新聞を読むということは、子どもに与える教育的効果もあります。お父さんお母さん、紙の新聞を読みましょう！　ちなみに、私の家では日経3紙（日経・MJ・ヴェリタス）のほかに、子ども向けの小学生新聞3紙と中高生向新聞紙2紙の合計8紙を購読しています。

▲『読書の技法』佐藤優（著）
東洋経済新報社刊

■アウトプットのために読む

精神科医の樺沢紫苑《かばさわしおん》さんが、「インプット：アウトプット＝３：７」のイメージで読むべきと書いていました。読むのが３割で、何をアウトプットするかが７割です。

読むことそのものではなく、何を得て、何を実行に移すのかが大事。読み終わって誰かに伝える。行動を変える。そんなアウトプットすることをイメージしましょう。

■読書のタムパを考える

『理系読書・読書効率を最大化する超合理化サイクル』（犬塚壮志著・ダイヤモンド社刊）。この本、隅を折ったのが10か所くらいありましたから、得るところが多かったです。私が得たのは、

①「何を読むか」ではなく「どこを読まないか」が大事

②読書のコスパ（コストパフォーマンス）＝得たもの÷読むのにかかった時間

この犬塚さんの本では「読書のコスパ」と書いていたけれど、私はそれを敷衍《ふえん》して**「読書のタムパ**（タイムパフォーマンス）」を考えたい。ビジネス本なんかは１冊15分

で読み、タムパを意識して読むことにしています。

■メルカリ読書法

私のおすすめ読書法のひとつ「メルカリ読書法」をご紹介します。

1 本を買ったら、「読む前」にメルカリで売りに出す
2 売れたら数日内に送付しなきゃいけないから、必死こいて読む
3 買い手に発送する

ここまで数日。例えば、1500円で買った本が1400円くらいで売れて、手数料が1割の140円で送料等240円が配送料なら、手取りは1020円ですね。1500円で買って1020円儲ける。つまり、賞味480円で新刊が読めます！

小説だと数日では読めないのでNG。中古の本でもすぐには売れないのでこの方法はNGですが、ビジネス本の新刊は、だいたい数時間以内にメルカリで売れるため、この読書法がおすすめです！

◉本を買ったらまずすべきこととは？

ちょっと難しい学術的な本は、せっかく買っても、なかなか手がつけられずに積ん読になりがち。そこで、この手の本はまず「目次色つけ」「インデックスつけ」をしましょう。

■蛍光ペンで目次に色をつける

積ん読を防止するためのコツとして、**「買ったらいきなり蛍光ペンで目次の項目部分に色をつける」**のをおすすめします。

これにより、見ないで置いておくのに比べて、まず「その本に大体どういうことが

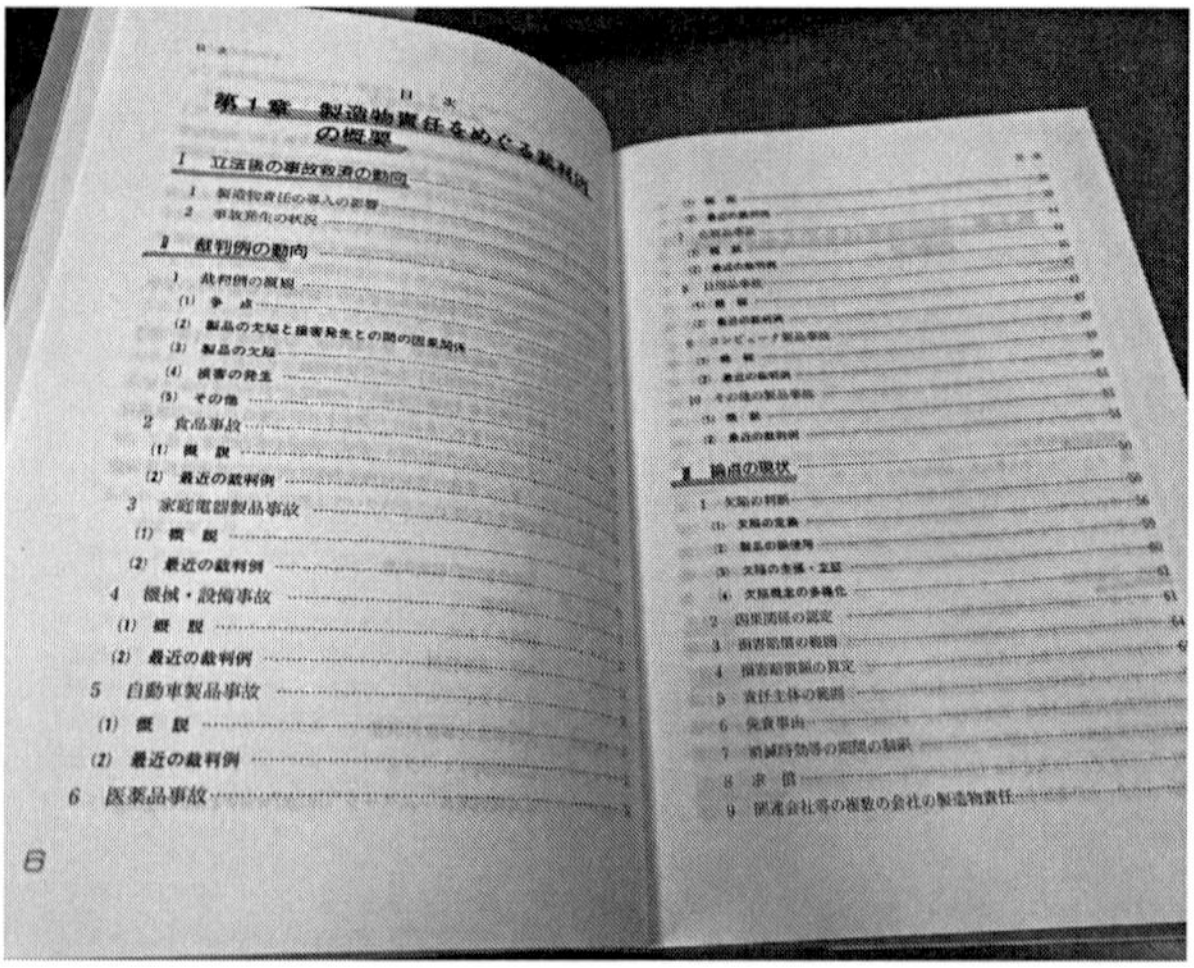

▲本を買ったらすぐ、目次の項目に蛍光ペンで色を付ける。これにより、全体像を把握でき、読もうという気持ちになります。

書いてあるか」がイメージできますし、興味のあるところは「ちょっと読んでみようか」と思ったりするので、積ん読が減ります。

何事も、こうやって「手を動かす作業」をするのがライフハックです。

■インデックスは下のほうにつける

買った本のうち、厚くて難しめで、でもしっかり読みたい本には、蛍光ペンで目次に色をつけることに加えて、インデックスをつける。そうすると心理的にも読みやすくなります。

コツは、親指でめくりやすいように、**インデックスを下のほうにつける**こと。上のほうにつけると親指でめくれません。

▲親指でめくりやすいように
インデックスは下のほうに！

◉積ん読解消法

本を買ったのに読み進められない「積ん読」の解消法をご紹介します。

■カフェの「強制力」を使う

私は、毎朝7時からジムに行き、そのあと8時からジム前のカフェで次のルーティンまでの45分間くらいをすごします。そこで、溜まった書類（今日のTo Do 10個くらいをクリアファイルに入れて持ち歩いている）に目を通すほかに、積ん読を解消するため、法律関連の本を1冊読むことを日課にしています。

本を読むには、こうやってカフェに入るのがいいです。**「締め切り効果」**と**「場所の強制力」**で、カフェを出る前までに、ななめ読みでもいいから読み切る。積んでいた本を数冊持ってカフェとかファミレスに行く。これに限りますね。

せっかく本を読むためにカフェに来たのですから、読み終わるまではカフェを出ない。スマフォを持って行かないのもいいかもしれません。

積ん読がなくなると、気分もスッキリしますよ。買ってから1週間経って手をつけていない本は、まぁ、それくらいの縁しかなかったということですから、まずは5分でななめ読みして、それから20～30分くらいで、ざっと読むってのがいいですね（小説には向きませんが…）。

日常生活の中では積ん読は減りません。本を持ってカフェ、その他「非日常的」な空間に移動し、場所の強制力の力を借りましょう！

▲朝マックも十分な読書空間です。「締め切り効果」と「場所の強制力」で本を読み切りましょう！

◉本は食事、ネットはおやつ

他人と同じ人生を送りたくなければ、本という「知的栄養」に惜しまず自己投資しましょう。

■本はメートルで買え

ＩＴコンサルの尾原和啓さんが、**「本はメートルで買え」**って親から言われたというエピソードがあります。

「メートルで」とはちょっと極端ですが、ちまちま買わずに、どーんと棚ごと関連本を全部買って、それでパラパラと見る。そうすると最小公倍数・最大公約数的な大事なことが分かります。どの本でも共通して書かれていることが、「ああ、何度も出てきたのでこれは重要なんだ！」と分かります。

メートルとは言わずとも、私は、店の棚にある関連本を全部買うという意味で、「棚買い」と名づけています。この「棚買い」はネットにも載っていませんが、いわゆる「大人買い」ということです。

一冊では、どうしても「木」。複数冊読むことで、「森」が見えてくるということです。最近、私も気に入った作家の本（遠藤功さんとか若松英輔さんとか）、気になっているジャンルの本（水俣病、ユージン・スミス、レジリエンス・エンジニアリングなど）を「棚買い」しています。

複数冊買うと懐は痛みますが、二冊目以降は、内容を理解しているので倍以上の速度で読めます。だから案外、時間はかかりません。ケチらずに、関連本は、たくさん買いましょう。そして、たくさん読みましょう。そうすれば、「森」すなわち全体像が見えてきます。

■おやつと食事と高級料理

本は頭と心の栄養です。食事を摂らなければ生きていけません。本というしっかりとした**「食事」**を摂りましょう。ネットの情報は**「おやつ」**でしかありません。

なお、たまには高級レストランに行くと食生活が充実しますね。同様に、気に入った作家の全集は蔵書として集めてください。全集が**「高級料理」**に相当します。私は18人の作家の全集を持っています。

◉読書は手段であり目的ではない

手段が「目的化」してはいけない。本末転倒です。手段は、目的のためにある。だから、手段は二の次、三の次。目的が達成できればいいのだから、手段は、目的達成のために必要な限り取捨選択し、フレキシブルに扱えばいい。分かっちゃぁいるのだけど、これがなかなかできない。

■「手段の目的化」をしない

読書でもそうです。９９・９％の人が読書において「手段が目的化」しています。読書するのは何のためですか。ビジネス書であれば「何らかの情報を得たいから」。これが目的のはずです。「本を読む」というのは、そのための手段です。**読書は手段であり、読書が目的ではありません。**娯楽小説などは、読書自体が目的かもしれませんが。

だから、目的のための「手段」にすぎない読書は、テキトーにやればいいのです。

最初から最後まで読まなくていい。一言一句、目を通さなくていい。隈なく読む必要はありません。

そして、その「目的」は本ごとに異なります。「なぜその本を買ったのか？」「どの情報を得ようとしてその本を買ったのか？」と、その目的を強く意識すれば、余計な部分に目を通さなくて済むので、読書のスピードは数倍上がります。

でも、99・9％の人が、「手段が目的化」して、本を「読む」ことが目的になってしまっています。「買ったから全部読まなきゃ」「最初から最後まで目を通さなきゃ」と思っています。かくいう私も、恥ずかしながらそういうところがあります。※サンクコスト（sunk cost）を考えきれず、「読破する」ことが目的になっちゃうこともある。本末転倒ですね。

読書の際には、**「読もう」**という意識を捨てましょう。**「探そう」**と思ってください。「この本から私は何が欲しいのか」という目的を強く意識し、その目的から関係ないところはどんどん飛ばし読みしましょう。

※サンクコスト：すでに使った費用やコストに対して「もったいない」という心理。

◉サンクコストに拘泥しない

私はいつも「何を読まないか」「いかに読まないか」を考えています。こうしないと情報過多の中で情報に溺れてしまいます。

私が定期的に購読しているのは、新聞4紙（日経、日経MJ、日経産業、日経ヴェリタス）、週刊誌（『日経ビジネス』『東洋経済』）、月刊誌（『プレジデント』『TOP POINT』『文藝春秋』『致知』）。その他、法律雑誌『A to Z』『ビジネス法務』等々。さらに、レビューすべき契約書、裁判書面、請求書、各種アドミ書類…と、読むべきものはいくらでもあります。

■サンクコストは人生のムダづかい

多くの定期購読物を隅々まで読んでいたら、ほかに何もできずに1週間が終わってしまう。効率的に読み飛ばさないとキャパが追いつきません。

速読法って、要するに「つまらないところを読み飛ばす」ことです。つまらないところを理解しようと思って眠い目をこするよりは、大胆にページをめくっちゃったほうがいい。どんな本にもつまらない箇所はある。そこに拘泥して読もうとする「サンクコスト（sunk cost）」は人生のムダづかい。**「ときめかない」ページは思い切って飛ばしましょう。**

■コンコルドの誤り

コンコルドを開発し始めて、「ああ、こりゃ採算が合わない。開発をストップしたほうがいい」と分かりつつも、それまでの労力を水泡に帰すのがもったいなくて、サンクコストに拘泥し、最後までやりきってしまった…。こういう、サンクコストのせいで「もったいない感」に引きずられて、最後までダラダラやり切っちゃうことを**「コンコルドの誤り」**といいます。

どうしても読みたいわけでもない本を、「読みかけだから」という理由だけで最後まで読破しようとするのは、この典型例です。そうやって「積ん読」されている本が、誰の手元にも数冊はあります。それこそサンクコストです。思い切って処分しましょう。縁があったら、またその本に出逢いますよ。

◉電子書籍のすすめ

電子書籍より紙のほうがいい…って言う方も、6〜7割いらっしゃる。そんな「電子書籍童貞」「食わず嫌い」の方に、**電子書籍のメリット**を8つご紹介します。

1　利便性（持ち運び便利）

私の手元のiPadには2000冊以上のデータが入っています。待ち合わせには、いやトイレに行くにもどこにも、iPadを持参しています。

2　検索性

読んだ何年か後に検索したり。私もしばしばドラッカーの英語の本などから検索します。

3　記録性

気に入った箇所を記録する。記録しないと記憶できません。網掛けハイライトすれば記録できて、ブログ等に転記も容易。コピペすればいいので、いちいち打ち込んだり書き写さなくていい。

4 読書数管理

Kindleだと自動的に読んだ本を記録してくれる。昨年は年間500冊、今年は700冊を目標にしています。いま何冊で、目標達成度がどれくらいかを示してくれます。

5 字が大きい！

昔の本って字が小さいですが、Kindleだと字の大きさを選べる。特に、老眼とか遠視の方には、この機能が最高にいいです。

6 暗闇でも見れる

夜に外出したとき（子どもの塾のお迎えの待ち時間）とか。寝る直前のベッドの中とか。暗い場所でも使えます。

7 すぐ読める！

紙の本だと、Amazonとかで注文しても届くのに数日かかる。その間に、「その本を読みたい」というモメンタム・気持ちが薄れることも。読みたいときにすぐ読めます。

8 エコ

紙を使わないのはエコです。サステイナブルです。SGDsです。社会貢献。自宅の蔵書がむやみに増えないメリットも。

以上まとめると、もう紙の読書は百害あって一利なし的に思えてくる。電子書籍の唯一のデメリットは、「超速読」「スキャン読み」がやりにくいこと。一冊の本を、取り急ぎ数分でパラパラめくって、全体像を把握したいときがありますよね。そのような「検索的な読み方」をする場合には、紙のほうに1日の長があります。

ただ、ここで紹介した8つのメリットがありますので、中古本より多少値段が高くても、電子書籍で読むことを全力でおすすめします！

コラム5

読書はdotを増やすこと

「connecting the dots（点と点をつなぐ）」は、2005年にApple創業者スティーブ・ジョブズが、スタンフォード大学の卒業式で行った有名なスピーチの一節です。彼の複雑な生い立ちや学生時代の体験、自分が創業したAppleから追放されたこと、そういった一見バラバラの「点」が繋がって運命的に今の自分があるという話です。

読書は、このconnecting the dotsのdotを増やすこと。読書すれば最も良質なdotを増やすことができます。そして何年か、何十年か経って、その読書体験がdotとして、どこかのdotとconnectするのかもしれません。

人生はconnecting the dotsであり、読書が「collecting the dots」なんです。そして、本書186ページで紹介する「書くことで考える」効果からすると、「Read to collect the dots, write to connect them（読書でdotを集め、書くことでdotを繋げる）」といえます。

◉電子書籍の活用法

Kindleを使った電子書籍の活用法を3つ紹介します。Amazonよ、ありがとう！

■「メモとハイライト」サイトで管理

Kindle本は電子書籍ですが、紙の本と同じように、気になる部分をハイライトして、ふせん代わりに残しておくことができます。Kindleの「メモとハイライト（Kindle Cloud Reader）」っていうページは、読み終えたKindle本の、印をつけたマーカー部分（ハイライト）を一括表示することができるすぐれもののサイトです。

しかもUnlimitedから消した本（つまり自分のKindle端末から、もう読めない本）でも、この「メモとハイライト」にはハイライト部分が残っていて、いつでも見ることもできる。まことにありがたいサイトです。

■Kindle Unlimited

Amazonの「Kindle Unlimited」サイトからいい本を探して、20冊の限度でどんどん読んでいく。Kindle Unlimited の本って、読み放題の無料期間があって、ダウンロードしたらすぐ読まないと有料に戻ってしまう。だから、Unlimited の専用サイトをブックマークして、間をおかずに適宜、更新しています。

■ Kindle Oasis をお風呂で使う

「Kindle Oasis」は防水性。3万円と高いですが、湯船で見ようと思って(iPad に防水機能はない)、宣伝につられて買ってしまいました。

購入して良かった点を上げると、コンパクトだから湯船で見やすい(カラスの行水が改まり、疲れもとれる効果もあり)。ベッドで就寝前にも見やすい。また、いつもの iPad とは違うってだけで、気分転換になります。

▲ Kindle 端末「Kindle Oasis」
湯船で読むためと購入

Chapter 4

忙しい人生とはおさらば！

―時間術

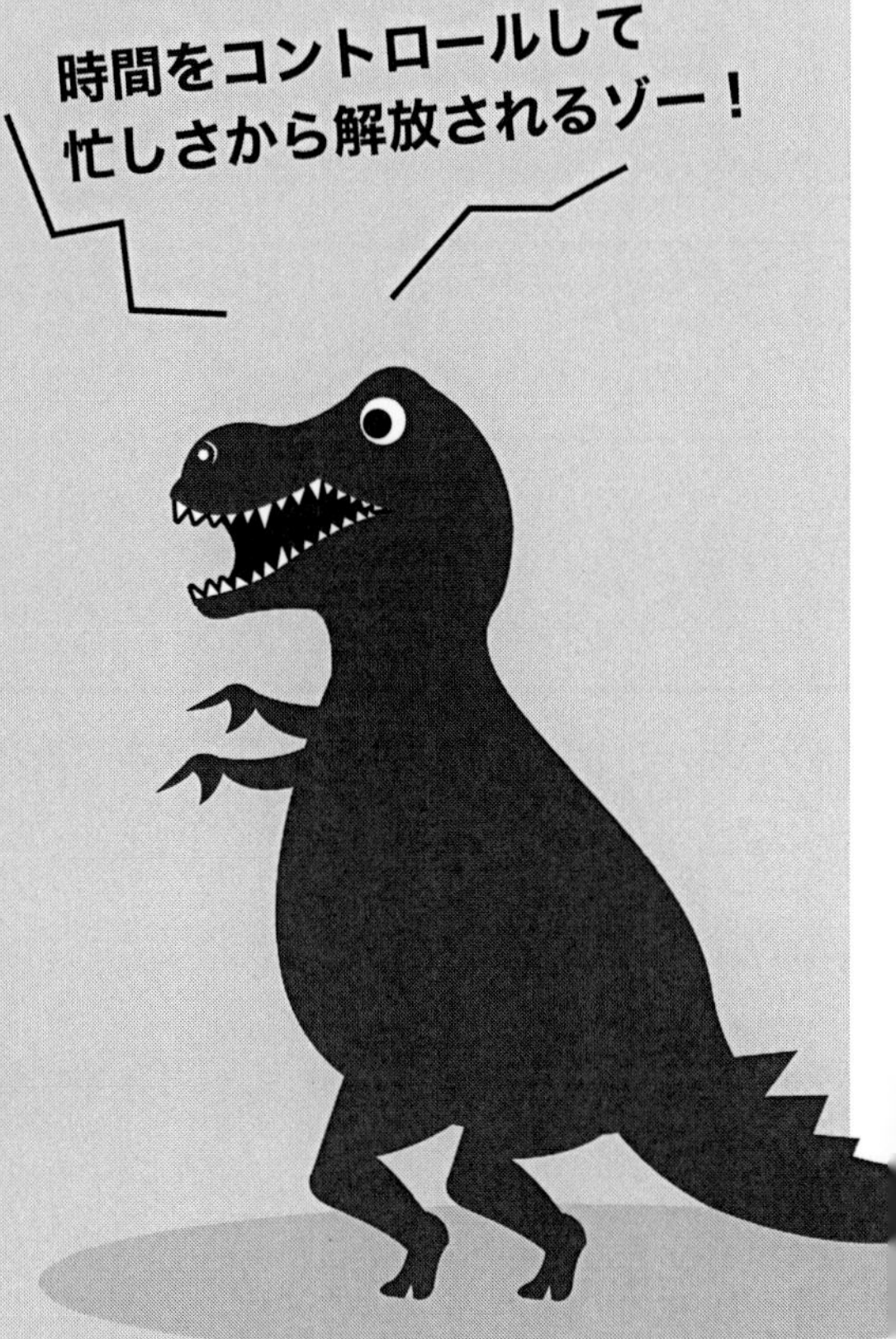
時間をコントロールして
忙しさから解放されるゾー！

◉1秒たりともムダにしない

私の業務効率化は堂にいっている。「え、そこまでやるの?」ってくらいやっている。とにかく、人のやらない工夫をする。寸暇を惜しむ。**1秒たりともムダにしない。**

例えば、

・車を運転中、赤信号になったら趣味のウクレレ練習
・自転車移動中、手放し運転でウクレレ練習（良い子は真似しない!）
・常に決済書類を持ち歩き（20枚くらい）、歩きながらなど細切れの時間で決済

自転車の手放し運転なんかはたぶん法律に違反していると思いますが（調べると、3か月以下の懲役または5万円以下の罰金のおそれ）、法律を真面目に守っているようでは、業務効率化オタクとしてはまだまだと言えるかもしれません（笑）。

■「1秒を削り出せ」シールの効果

業務効率化に凝る私は、全てにおいて「1時間につき○秒のムダは、1日にすると

○分」「1日何分トクしたら、年間で○円トクする」って計算している貧乏性です。「今日も1秒もムダにせずにがんばった！」って思いたい。

携帯の待受け画面に「1秒を削り出せ！」の文字を写し出して自分を戒め、1秒たりともムダにしないようにしています。**「1秒を削り出せ」シール**は、パソコン・自転車・携帯など、私の目にふれる場所の至るところにベタベタ貼っています。特に、自転車にこういう個性的なテプラを貼りつけると、変なヤツだと思われて盗まれにくくなるのではないかと期待しています（笑）。

▲パソコン・自転車・携帯など、「1秒を削り出せ」シールを至るところに貼っています。

◉朝から分刻みのルーティン

「人生を1秒たりともムダにしたくない」私は、朝からのルーティンを大切にしています。人生の効率化は要するに1日の効率化です。

毎朝6時前に国会議事堂一周ランをしているので、その前の朝5時には事務所に着いてひと仕事するのが日課。「朝焼けとともに事務所近くでランニング」を日課にすると、朝から忙しく、分刻みです。

サスティナブルな「1日12時間勤務」が目標。朝5時台に事務所入りして、12時間ガッツリ仕事。12時間のうち9時間くらいはビラブル（お客さんに請求できる、しっかりした仕事）です。これで土日（半日）も働くと、結構働いてる感があります。

■ルーティンが集中力を生む

「ルーティンを守る」ことは業務効率化につながります。堅い奴だ、と思われるのを危惧してあまり言ってこなかったけど、私はかなりのルーティン男。イチローほどではないにしても。毎日のルーティンを守る理由は、「おしり（デッドライン）を意識できるので集中力が高まる」からです。

私の場合、毎朝5時には事務所に着いて、15分のジョギングをして、7時にジムに行き、トレーナーによるトレーニング後、10分間で約40の自主トレメニューをこなし、その後8時からスタバで読書と仕事をします。このルーティンを、土日を含め、一年に360日、崩しません（ジムが休みの日を除いて）。朝6時にランニングを終えたら「7時にジム行かなきゃ」と思うので、集中して仕事できる。だから、**「ルーティンがデッドラインをつくり、集中力を生む」**と言えます。

こうやって朝からキレッキレで動いている私、忙しすぎるのでは思われるかもしれませんが、でもこの人生を変えるつもりはありません。もう10年くらい、この「年間360日出勤」を続けています。経営者として、弁護士として、そして人間としての成長を両立させるため、死ぬまで全速力で走り続けます。

◉集中力は起きて12時間だけ

あるデータによると、人間の認識力は次のように低下するそうです。

1　起床から12時間経過後には「酒気帯び運転」と同じ程度まで低下

2　起床後から15時間経過後には「酒酔い運転」と同じ程度まで低下

これを知ってから、事務所でダラダラと夜遅くまで仕事はしません。起床後12時間以降に、無理してデスクワークをすることをやめました。帰って寝る。早起きしてやる。そのほうがいい。

夜の時間は「おしりがない」、つまり「何時までに◯◯しなきゃ」というデッドラインがないので、どうしても集中力が下がります。夜に数時間もネットサーフして自己嫌悪に陥った方も多いでしょう。

■いかに12時間を確保・集中させるか

弁護士のような自営業者は、1日の勤務時間を自分で決めることができます。かといって、徹夜したりして長時間働くと、特に40歳以降は、長い目で見ると効率を損なう。健康も損なう。

そこで、**1日の勤務時間は、12時間くらいまでに制限**したほうがいいでしょう。年齢に応じて40代12時間、30代15時間、20代18時間くらいが限度でしょうか。私は45歳までは、木曜日を徹夜の日と決めて週に一度は徹夜していました。

私は元々朝型で、アソシエイト弁護士時代も朝7時には事務所入りしていましたが、今はさらに朝型になりました。いまは朝3時起き。そこから読書とか、メールチェックしたり、ブログ書いたりして、朝5～6時に事務所入りするというのが私の日課です。朝6時を基準にしたら夕方6時まで12時間をガッツリ働けば、いい1日の充実感を感じられます。

「いかに12時間を確保するか」「いかにその12時間を集中させるか」を検討しましょう。いかに12時間を伸ばすかではなく。「1日は24時間ある」と思うのではなく、「1日には12時間しかない」と考えた方がよいでしょう！

◉「竹中式」交際術

いきなりですが、自由とは何でしょうか。自由とは「自分の人生の時間を、自分で支配すること」だと私は思っています。自由人を志す私の「竹中式」交際術を伝授します。竹中平蔵さんから教わった交際方法です。

■飲み会は最後まで出ない

飲み会って、最後のほうは会計をどうするかとかで時間をくったりして、とはいえ自分だけ先に帰るのは気が引けるし、ほんとうに帰りたいタイミングで帰れることはない。その10分とか15分が惜しい。みんなと一緒に帰るまでの、その15分が惜しい。

そこで私は、ほとんどの飲み会は60分か90分の一本勝負と決めています。2時間いることはなく、義理を欠いてほんとうにすみませんが、もうこれが私のスタイルです。

「飲み会は帰りたいタイミングで帰る」。この「早めに中座する」方法だと、経費申告用の領収書がもらえないのがデメリット。でも、「領収書をもらうために長居する」デメリットのほうが私には大きい。

飲み会やカラオケには行く。顔を出す。義理は欠かない。でも、最後まではいない。早く帰って自宅で勉強する。読書する。カラオケも一曲だけ歌ってフェイド・アウトする。これが竹中式交際術です。早めに帰宅して、読書・勉強などの自分の時間を確保する。「なるほどな」と思った。自分の時間を大事にしないと、「大を為す」ことはできない。人と同じことをしていては、人と同じ人生しか歩めません。

私なんか「朝3時に起きる」ことを公言しているので、夜9時になったら帰って寝ることを宣言しているに等しい。だから夜の飲み会は遠慮なく、いや遠慮して中座していいます。お客様との飲み会も「早め（18時とか17時半）の開始でお願いします」ってリクエストしています。

自分の生活リズム、**自分の時間は自分でコントロール**したい。それが自由というものではないでしょうか。

◉耳のスキマ時間は3・7時間

「耳のスキマ時間は1日平均3・7時間」（オトバンク調査）。家事の際中、移動中、ジョギング中……。耳を活用していない時間は、平均1日3・7時間だそうです。

■富裕層はオーディオブックを聴いている

アメリカの調査では、富裕層の63％が移動中にオーディオブックで情報を得ているらしい。数年前にこれを知ったとき、ややショックでした。「なんで今までオーディオブックを利用していなかったのだろう…」と。以来、Amazonのオーディオブック・サービス「Audible」を愛用しています。

私がよく聴くのは、名作とされているのに、これまでしっかり読み通せていなかったかなという作品。『吾輩は猫である』『モモ』『アルケミスト』等々…の本を聴いたりしています。オーディオブック、まだの人は是非！

■「骨伝導イヤホン」もおすすめ

「骨伝導イヤホン」は、自転車やランニング中でも安全にオーディオブックが聴ける画期的なガジェット。これも手放せない。普通のイヤホンのように、走っているうちに落っことして失くすということがありません。この骨伝導イヤホンをApple Watchとペアリングして、ランニングしながら、毎日、Audibleを聴いています。

■架電は運転中にまとめて

私が通勤車中でしていることは、「AudibleやBBCを聴いて勉強（7割）、通話で仕事（2割）、ウクレレの練習（1割・赤信号のとき）。特に、オフィスではデスクワークに集中したいので、通勤車中（自宅へ向かう帰りの車の中）でクライアントやスタッフへ架電することにしている。片道（25分）で5件とか。架電する時間も自分でコントロールできると、生活の自由度は広がりますね。

通勤とかで運転する人は、**通話は移動（運転）中に集中させる**というのが業務効率化の観点からいいと思います。デスクワークの時間を奪われないように。車に内蔵したハンズフリーの通話だから道交法上もＯＫのはず。ただ、和解交渉などのシリアス案件では、通話内容に気をとられて道を間違えることがあるのが玉にキズです。

■ウェブ会議も「移動しながら」

食事しながらウェブ会議はＮＧ。参加者のモラール（士気）を下げるからです。でも、移動しながらウェブ会議はＯＫでしょう。

もちろん会議の性質によります。上司とのシリアスな打ち合わせや、重要顧客との商談を、移動しながらってのはちょっとＮＧでしょう。一方、自分にとって優先順位の低いウェブ会議は、移動しながらの参加でいいと思います。

より具体的には、自分が「ワンノブゼム」であるウェブ会議。その会議の参加者の中でも、自分の重要性が低いとき。自分がいてもいなくても会議は成立するような会議。そんな会議には**「移動しながら参加」**でいいのではないでしょうか。

私はそう開き直っている。実際、完全なボランティアでやっている会議には、私は移動しながら(車を運転しながら)出席することがあります。「その会議だけのために、オフィスや書斎に張りついていたくない」場合です。
移動中の耳のスキマ時間も、1分たりとも無駄にせず有効活用して、人と差をつけましょう！

移動中や家事の間でも
耳を使って仕事をこなせば
時間を有効に使えるゾー！

◉消耗するタスクは週の後半に

平日に、歯医者とかヘアカットとか、プライベートの予定を入れることがあります。仕事の合間に、事務所の近くで。そういう予定は、金曜の午後とか、週の終わりに入れたほうがいい。週の初めはまだ元気があるから、もったいない。

■予定を「週単位」で考える

プライベートな予定は、エネルギーを消耗して集中力が低くなってきた週の終わりに入れる。若いうちは、週の初めでも終わりでも、パフォーマンスは変わらない。でもたぶん、40代とかになると、週の終わりのほうが疲れてパフォーマンスが落ちるから、その時間をプライベートに充てるほうが1週間の使い方として有効です。

歯医者などのプライベート、飲み会、人前での講演などは、木曜や金曜などの週の後半に集める。こういうタスクを週の前半にもってくると、週の後半で息切れする。要するに1週間がもったいない。

■**会議は午後のみ**

私は、1日を「午前中はデスクワーク、午後は会議」というワークスタイルにしています。よほどのことがない限り、午前中に会議の予定は入れません。会議でエネルギーを消耗すると、その後のデスクワークに支障を来すからです。

また、私は、セミナーなど人前で話す仕事を午前中には絶対に入れません。3時間も話すとやっぱり体力を消耗して、**午後は集中力が落ちる**からです。

■**会議や架電はまとめる**

また、業務効率化のため、「打ち合わせをまとめて並べる（立て続けにいくつか会議を入れる）」という方法もあります。例えば、1日1つの打ち合わせを3日間続けるのではなく、ある日の午後は打ち合わせの予定を立て続けに3つ入れる。

「まとめていくつも架電する」というのも同様です。私は、自分から**電話するときは移動車中から**にしています。これにより、オフィスにいるときに電話をしないで済むからです。

◉全ての情報は10秒で探せ

片づけ名人として世界的に有名な、こんまりさんが久しぶりに日本のメディアに出て、「探す時間」のムダに警鐘を鳴らしていました。

■探す時間は大きな損失

その記事によると、「人は1日30分も何かを探している。アメリカでの調査によると、ビジネスパーソンが探し物に費やす時間は、年間平均で約168時間。なんと約1週間にもなる。さらに、散らかりによる生産性低下を金額に換算すると、毎年約8900億ドル(約9兆8千億円)の損失」(『PRESIDENT』2022.5.13号)。まさに「タイム・イズ・マネー」です。

メール検索に時間を取られる人は、「要注意」なんだそうです。日々、受信トレイの階層を整理しておいて、探すときは「30秒以内」にしましょう。

メールや書類を探す作業に1日1分のムダがあるとすると、週に5分、月に20分、年に240分＝4時間（半日）をムダにする。時間制報酬を仮に3万円とすると、12万円の売上減少。要するに1分のムダが年間で半日＝12万円、1日2分だと年間8時間、24万円に相当する。こういうコスト意識をもつのは大事ですね。

じゃあどうすべきか。メールボックスの整理は、「来るメールを全て自動仕分けして各フォルダに入れる（受信トレイにはメールが来ない）」のがおすすめです。この「自動仕分け設定」をすると、受信トレイは常に空になっているし、メールを後々検索するときも楽です。

ただし、「来たメールを処理したつもりで忘れる」ということがないように、「見たけど処理してないメール」は全て印刷して持ち歩くようにしています。大変に思うでしょうが、来るメールの9割は即レスできますから、紙に出して保留にしておくようなメールは1割くらいしかありません。

加えて、紙の書類は、動線を意識して「同心円管理」をしています（本書40ページ参照）。これらを徹底すると、**「全ての情報（紙でも、データでも）は10秒で探す」**ことができるようになります。

◉デスクを「コクピット化」せよ！

探しものに時間をとられない。「全ての情報を10秒で探す」ためには、**全てのモノを「定位置に置く」**のが大事。これを「コクピット化」といいます。

■「目をつぶってでも取れる」のが理想

筆記用具、鉛筆立て、鉛筆削り、２穴パンチ、ホチキス、クリップ・・・・私のデスクは、みんな定位置を決めています。

例えば、クライアントからお預かりした書類の原本などをどうやって保管するか。ちゃんと保管しないと、あとから何時間も探すはめになる。一番いいのは、案件ごとにファイルに「クリアポケット」をしっかりつけておく。そして、クリアポケットにしっかり入れる。これしかないのでは。

じゃあそれをどうやって実行するか。クリアポケットを手元の引き出しの「定位置」に入れてキープしておく。わざわざ保管場所まで取りに行くのではなく。こういう「仕組み化」をしないと、億劫がってクリアポケットをつけず、書類を失くす…ってことになる。仕組み化が大事ですね。

そのためにも、自分のオフィスや引き出しの中は、「どこに何があるか」定位置をきっちり決めて、手探りで取れるくらいきれいに整えておく。端的には、全ての筆記用具を**「目をつぶっても手にできる」**ようでなければ、人生のエネルギーを損していると思う。

例えば私は、①鉛筆②赤青鉛筆③緑色鉛筆④蛍光ペン⑤ホチキス⑥クリップのある場所を引き出しの中でそれぞれ分けて、置き場所をそれぞれ両面テープで固定しています。「どこに何があるか」をカスタマイズして、デスク周りをコクピット化しましょう。

■机の「下」も活用

みなさんは、ふせん（ポストイット）のある位置が決まっていますか？　私は、机の「下」に固定し

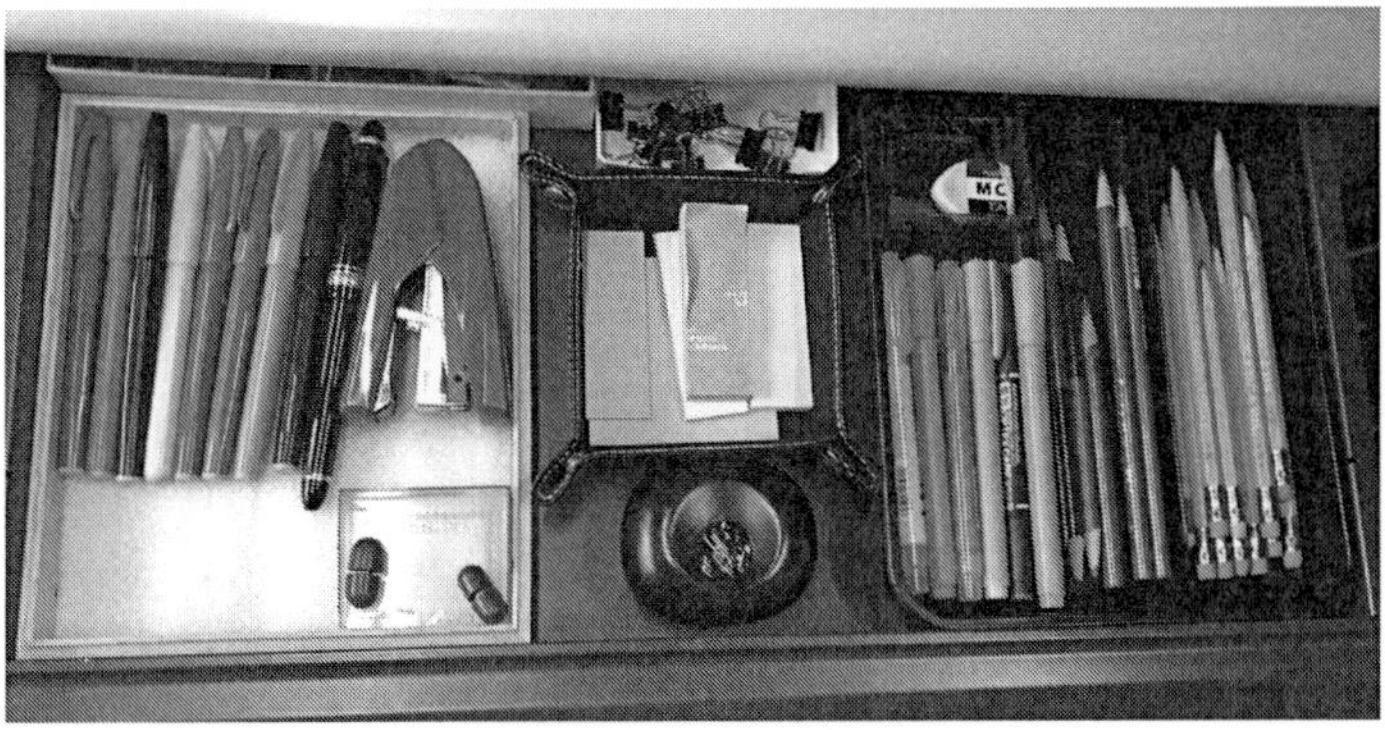

▲全ての筆記用具を「目をつぶっても手にできる」ようにしよう！

▼ふせんは机の下に貼り付けるのが絶対におすすめです。

ています。デスクの「上」は物を置かずスッキリさせたい。引き出しの「中」だと、ふせんを取るときに引き出しを開け閉めするのが面倒くさい。そこで、**「机の下・裏」も有効活用**しています。

ふせんは、机の上でも中でもなく、絶対に机の下に貼りつけるのがおすすめ。場所をとらないし、デスクの上がきれいになる。どの場所にあるか体で覚えるので、ふせんを探す手間も省けます。そのほか、ちり紙やウラ紙も、机の下の定位置に備えつけています。

デスクはもっと「コクピット化」できるゾー!

コラム6

業務効率化とは「選択肢を減らす」こと

人間が1日に行える「選択の数」は限られています。「選択すること」にエネルギーを消耗してしまうからです。例えば、「筆記用具を選ぶ、探す」ことも、実は人生の貴重な選択をひとつ使ってしまっている。だから選択肢を減らすために、使う物だけ置こう。使わない鉛筆やペンは、鉛筆立てに入れない。使うものだけ入れる。

また、視界に余計なものが入ると、集中力が阻害されます。だから、視界には扱っている案件の情報しか入れない。デスクには「その案件」のファイルしか置かない。常にデスク周りをきれいにする。ふせんもなるべく使わない。緊急（数時間以内）に終わらせる必要があること以外は。これが業務効率化のコツです。

ＰＣでも、デスクトップをきれいに整理する。気が散る原因になるので、使っていないウィンドウはサクサク閉じましょう。

こうやって「使うものしか置かない、目に入らない」ようにすることで、無駄に何かを探さないで済む。人生からムダな選択肢を省けるのです。「選択肢を減らす」。これが、業務効率化を突きつめて行き着いた、私の考えです。

◉身づくろいの時間も節約

毎日の身づくろいの時間も、できる限り節約しましょう。

■ヒゲ脱毛

男性が毎朝1分ヒゲ剃りをする。無精ヒゲが伸びていると気分もシャキッとしない…このロスをなくすため、ヒゲは15万円くらい払ってレーザー脱毛しました。ですから毎朝ヒゲ剃りはしません。週に1度とかお客さんに会う前に、軽く剃るくらいで済みます。

コスト（時間）を考えると、1日1分のヒゲ剃り（&カミソリ手入れ）の時間が週に6分の節約。これは月に換算すると25分。年6時間くらい。これは私の時給4万円を前提にすると、年間で24万円が浮いたことになります。この4年間、月に1〜2回脱毛施術に通った時間もあるので、単純に年間24万円節約できたというわけではありませんが。

■超短髪で寝グセなし

寝グセをなおす時間も人生のムダだから、業務効率化のためにいつもほぼ丸坊主の超短髪にしています。

ここ数年は白髪隠しを兼ねて（短いと白髪は目立たない）、「丸坊主＋ちょっと頭頂部長め」にしている。基準は寝癖がつかない程度の長さ。自宅で散髪。数か月に1回、バリカンで。所要時間約15分。それから数か月は、襟足を短くそろえ、また頭頂部に寝癖ができたら丸坊主にする、のくり返し。整髪料はもう10年くらい使っていません。

■鼻づまり手術

そして昨年は、さらに時間を大切にするため、**下鼻甲介粘膜焼灼手術**をしました。とてもいい。鼻づまりという概念、鼻をかむという作業が人生からなくなりました。片鼻90分2.4万円、日帰り、内視鏡、全身麻酔なしです。

別に手術しなくても、生きてはいけます。投薬と点鼻薬で。でも、薬の服用にかかる時間と耳鼻科と薬局に行く時間が、概算で年間8時間。のみならず、「鼻がつまって集中力が落ちている時間帯」が業務時間の3％くらいはある。手術すれば、これらの時間が浮きます。そして、数十年単位で鼻づまりがなくなる！

鼻炎とか副鼻腔炎とか花粉症の気がある人は、もうこの手術をしない選択肢はないと思います。耳鼻科の先生によれば、この手術をしたほうがいい人は、人口の2割くらいはいるそうです。岸田首相も同様の手術をしたことが話題になりましたね。

◉上司と部下の時間の違い

上司と部下の「人間としての価値」は等価値。でも、経営や業効率を考えると、上司と部下との「時間の価値」には違いがあります。

■コミュニケーションコストは部下が負担

上司と部下の「時間」は等価値ではありません。特に弁護士事務所とか大手コンサルティングファームとかでは、目に見えて時間制報酬の単価が違う。新人とシニアパートナーで4倍くらい違う。だから、経営的観点からは、**コミュニケーションコストを負担するのは部下**であるべき。上司の時間は部下の時間よりも数倍の価値があるのだから、部下は上司の時間を尊重したほうがいいのです。

メンバーの時間は、貴重な会社資産。雑なコミュニケーションをして上司の時間を奪うことは、会社資産をムダづかいすることに等しい。だから、部下はより丁寧にコミュニケーションしましょう。できる部下は、この辺の「時間価値の違い」に配慮している。自分が上司と1分話すなら、その1分の会話のために4分かけて丁寧に準備する。上司がリサーチに5分かけるなら、部下は20分かけてリサーチする。ＩＴコンサルで有名な尾原和啓さんも、そう書いていました。

それが時間価値から考えて合理的であり、「会社の資産を効率的に分配する」という観点からも大切です。このようなコミュニケーションのルールを決めておくことも、組織運営の効率化につながります。

■仕事は要するに「お膳立て」

効率化のためには、相手の立場を考えて、仕事しやすいように「お膳立て」することが大事です。

上司が部下に対して指示するときも、部下が上司に報告して判断を仰ぐときも。弁護士がクライアントに確認を求めるときも、クライアントが弁護士に助言を求めるときも。できるかぎり「相手が素早くアクションを起こしやすい」形式と内容で伝えることです。オープン・クエスチョンではなく、クローズド・クエスチョンで尋ねるとか。メールでは、項目を明確に立てたり、要回答事項をハイライトしたりとか。

要は、こういう**お膳立てができる人が、「仕事ができる」ってこと**です。

■部下のために時間を使おう

テレワークが広がった今こそ、上司は部下のために時間を使おう。

みなさん、お世話になった職場の上司がいますね。その人のことを思い出して、「なぜお世話になったと思うのか」考えてみてください。多くの方が、9時5時のビジネスライクなことだけでなく、アフター5とか、生活のこと、人生のこと、相談ごとかに「時間を使ってくれた人」ではないでしょうか。

人は、自分を育てるのに費やしてくれた「時間」を思い、父母を尊敬します。だから、生みの親よりも育ての親を尊敬します。お世話になったとか尊敬の念も、多くは**使ってくれた時間に比例**します。

テレワークが広まり、部下のために時間を使うのが難しくなっている今は、実は「上司が尊敬されにくい」時代です。効率化ばかりを考えて部下のために時間を割かず、優秀な部下に辞められてしまっては本末転倒です。ですから、上司のみなさん、意識的に部下のために時間を使ってください！

相手の立場を考えて
「お膳立て」することも
大切な効率化だゾーー！

Chapter 5

爆速で成長する
―アウトプット術

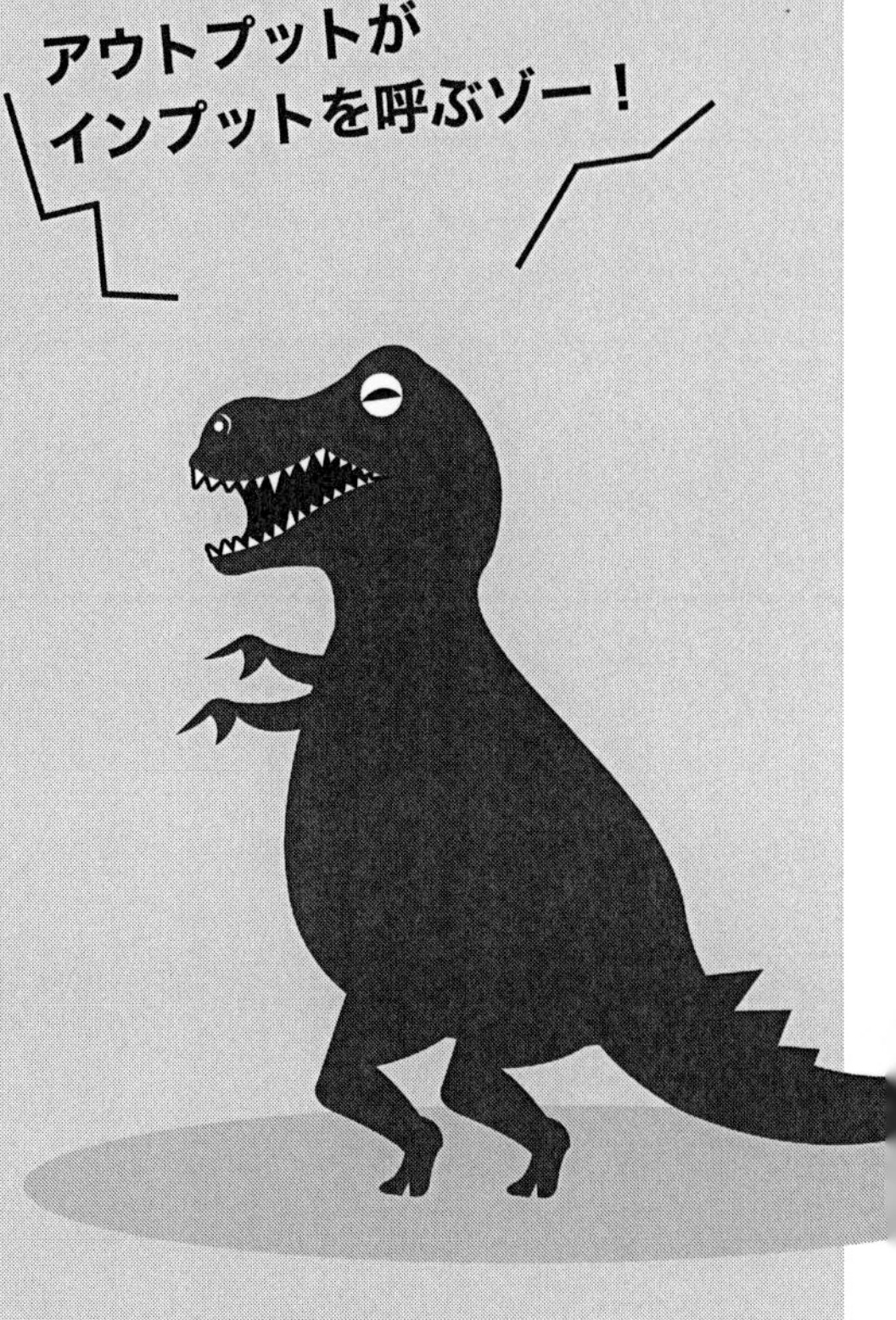

◉アウトプットの効用

私ほど毎日たくさんブログを書く人はいないと思う。そんな私から、**アウトプットの効用**をご紹介します。

1　記録のため

忘れるから記録のためにブログを書く。また、脳を「記憶」のために使いたくないので、脳をスッキリさせるためにログを残す。

「あれ、なんだったっけ…」って、思い出せないときのストレスって大きいですよね。「何かを思い出そうとして思い出せない」というストレスを人生から撲滅するために、ブログなどで記録しましょう。

私の場合、ブログの多くは自分のためですが、「私が死んだ後に残る人たちのため」という側面もあります。私は、子ども達への遺書だと思って毎日シコシコ書いています。子ども達よ、このブログは君たちへのお父さんの愛情なんだよという想いで。

2　メタ認知

単なる日記ではなく、公開するブログに書くことで自分をメタ認知できます。「これ書いて大丈夫かな」「これ炎上しないかな」「これ書いたらあの人やあのクライアントは気を悪くしないかな」と常に考えながら書くことで、自分を客観視できます。

3 文章力（語彙力）向上

ブログを書くことで文章力が向上する。語彙も増えます。書きながら、「あれ、この言葉の定義、これでいいのかな…」って確認することはとても多い。週に複数回あります。だから、文章力とともに語彙力も向上する。

4 インプットのため

ブログで吐き出すから次がインプットできる。書くから、さらにインプットできる。貯めていると次が入ってこない。

アウトプットは「井戸水」と同じ。**井戸水は、汲むから次が湧きます。**アウトプットは「ところてん」と同じ。押し出すから次が入るのです。

「毎日何か書かなきゃ」というプレッシャーを感じることで、インプットの契機になり、書くために本を読むということにつながります。

5　理解力（思考力）向上

これは最近、特に気づいたことですが、「書きながら思考が発展する」。つまり、書きながら理解や思考が深まります。実際、ブログを書いていると顕著に**「書くことによって理解・思考が深まる」**のを実感します。

この境地に達するためには、タイピング能力向上が必要。私もブラインドタッチのリハビリ（正確な運指の矯正・本書72ページ参照）をしてから、「書きながら思考が発展する」効果を強く感じるようになりました。今の私は、**「書かずにモノを考えられるわけはない」**とまで思っています。失礼ながら、「書いていない人は考えてない」とまで言えると思っています。

6　営業

私は自営業者なので、書くことにより「私を知ってもらう」「中山国際法律事務所を知ってもらう」「インテグリティの良さを理解してもらう」という営業効果も狙っています。下品なこと書いたら、それが営業効果を減殺してしまいますが（笑）。

7 社会貢献

私のブログは、最近は毎日約２０００人の方が、ページビューで５０００くらい見ていただいています。30秒に一回、どなたかが私のブログに意義を感じてもらっています。そんな方たちへ貢献できるように、人様のお役に立ってくれるようにと書き続けています。

■何にアウトプットするか

アウトプットの効用を思いついた順番で書きました。
端的にまとめると、

1 生活に張りが出る（日々、アウトプットネタを探すから）
2 インプットも捗る
3 文章力が向上する
4 考えが洗練される

というメリットがあります。

では、何にアウトプットするか。これはみなさんの好みや用途に応じて、いろいろあると思います。

■**日記**…誰にも見られない。手書きでもデジタルでも。デジタルなら検索性もある。手書きだと「自分にゆっくり向き合う」癒し効果があり、これは**「ジャーナリング」**と呼ばれます。

■**Facebook**…友人中心なので、炎上する危険性も低いですが、検索性はいまいち。

■**Instagram**…テキストすることにはあまり適さない。検索性いまいち。

■**Twitter（X）**…一番手軽。でも140字制限があったため、どうしても言葉足らずになるし、検索性も高くない。炎上の危険も一番高い。

■**ブログ(note)**…手軽で、字数制限なし。(note は知りませんが)検索性あり。

みなさんもご自分に適したアウトプットのツールを見つけて、どんどんアウトプットをして、人類の知の蓄積に貢献しましょう！

コラム 7

アウトプットの20倍をインプットしよう

アウトプットしたかったら、20倍のインプットが必要です。量が質を担保します。

勝間和代さんは、「毎日10万字を読め」「毎日５０００字を書け」と言っています。

いいアウトプットしたい方は、「いいアウトプットがしたいなあ」と思っている段階ではまだインプットの量が足りません。20倍のインプットをしたら、自ずと「1つくらいをアウトプットしたい！」と思うようになります。

たくさんインプットしたら、もう黙っていても抑えようと思っても、「アウトプットせざるをえない」状況になってきます。この素晴らしい感動、驚き、満たされた知的好奇心、知の世界、美しい精神…これらを「人に伝えたくってたまらない」って状態になってくるのです。

まずは20倍のインプットから！

◉アウトプットの仕組み化

より効果的にインプットするために、絶対にアウトプットしましょう。本を読んだらブログを書くとか。私の場合、18年間、毎日ブログを書いているほか、A4で2ページくらいのメルマガ（月次のお便り）を、この7年くらい毎月欠かさず発行しています。

こういう「アウトプットの仕組み」をつくると、日々の驚きとか「お、こりゃためになるな」というネタに出くわしたとき、それを意識的にインプットできる。「毎月アウトプットするんだから、しっかりネタを仕入れないと」と、インプットに励むためのインセンティブにもなる。**アウトプットの仕組みをつくることが、インプットをいざなう**ことになります。

■インプットとアウトプットを定量化

勝間和代さんは、「毎日、10万字読んで5000字を書け」と言っている。つまり、

1のアウトプットをするためには、20をインプットしなければならない。たくさん書いている勝間さんですが、その20倍も読んでいるのです。

そこで、体重を測ったりするように、毎日・毎週・毎月のインプットの量とアウトプットの量を記録（定量化）してみましょう。例えば、読んだ本の冊数を記録する。書いたブログや「note」の記事数を記録してみてください。

私の場合、インプットのうち、読んだ電子書籍については自動的に記録されています。アウトプットについては、毎日10記事くらいブログを書いているので、これ以上ないというぐらい記録しています。

■ブログはウンコ ―知の新陳代謝―

森信三さんの『運命をひらく365の金言』（致知出版社刊）に、「読書は栄養。読書しないと生きていけないはず」と出てくる。ほんとに読書って大事だよなと思います。そして、読書してブログを書くことって**「知の新陳代謝」**です。

読んだら、そのエッセンスをアウトプットする。インプットしたら咀嚼して、アウトプットする。これが知のサイクルだし、知の新陳代謝です。ブログは、私が食べた栄養分を咀嚼し、新陳代謝して出したもの。食べたら排泄するというのと同様、読んだら出す。ブログは「ウンコ」なのです。そうすると、世の中の人がアウトプットするのも、あれはみなウンコ。Twitterとかで、人は匿名でウンコを撒き散らしている。だからTwitterは下水といえます。

インターネットができて約30年。そのウンコが世界の知の向上に貢献してきた。エクスポネンシャルに。インターネットがない時代、ブログやTwitterで誰かのアウトプットが公開されることはなかった。私も大学生時代にはワープロで書いて自己満足するだけでした。

それが、今や世界中の人がアウトプットを書き散らし、下水まみれになっています。でも、玉石混交で、その中にいいものがあり、それをフックとして、さらに知が発達する。例えば、何か分からないことがあっても、今ならググればある程度の答えが出てくる。ITガジェットの利用方法やバグったときの対処方法など。これは知の大きなイノベーションであり、壮大なプラットフォームです。

人々の宝石まじりのウンコが社会貢献している。膨大なアウトプットが加速度的に文明を向上させるのです。

■食べたら出す！ 読んだら書く！

みなさんにも、読書とか何かインプットしたら、適宜、「ウンコ」として出すことをおすすめします。そうじゃないと「便秘」になるし、そのウンコが世界の知の発展に寄与する可能性を秘めているのですから。実際、私もたくさん本を読んでいるのに、ブログに書評とかを書くネタが溜まってしまうと、便秘的なストレスを感じます。インプットしたら、早めに言語化してアウトプットする。そのほうが次をインプットできます。出すからこそ次が入る。ひらめいたこと、得たこと、伝えたいこと…、溜めておくと次のひらめき・発想・アイデアが得られません。

「食べたら、出す！」「読んだら、書く！」

こういう「知の新陳代謝」をおすすめします。

◉文章は「短森長木」で

短森長木《たんしんちょうぼく》。私の造語です。「短い森」と「長い木」。文章術のエッセンスです。

文章を書くときや話すときに、

1　まず「森」（結論）を短く述べ

2　次に「木」（各論）を長く述べる

ということです。この短森長木は、プレゼン・メール・裁判文書・上司やクライアントへの説明など、全てにあてはまります。常に意識するのは、「森」から「木」へ。総論から各論へ。いきなり枝葉末節の各論を書かない。大きなピクチャーをまず示して読み手に方向性を予測させ、心理的に安心させます。

総論的な部分はあえて短くして、順々に長くして各論を書いて行く。**「総論＝短く、各論＝長く」**という順番を意識しましょう。これが私の文章スタイルです。多くの方がここまで意識せず、いきなりダラダラと長い各論から書いています。是非、短森長木を！

なお**日本人が日本語で「短い」と感じるのは13文字以内**です。だからヤフーニュースのトピックも、長らく13文字しばりになっていました。書面の各項目やタイトルは、必ず「13文字以内」にしてください。

■情報は紙1枚に！

情報の受け手のことを考えて、なるべく情報は紙1枚にまとめましょう。「紙1枚か、それ以上か」では、心理的ハードルがだいぶ違います。紙1枚を超えると、抵抗感・とっかかり・ストレスが紙1枚の場合とは2倍以上違います。だから、**資料は極力「紙1枚」にまとめる**べきです。

忙しい上司には、紙1枚で報告する。メールするときも、「印刷して紙1枚以内の分量か」を意識する。私は、趣味で作成している学童野球の技術指導ネタも、みんな紙1枚にしています。紙1枚にまとめる作業をするうちに、余分な情報が削ぎ落とされてスッキリします。

◉文書に「一覧性」を

メールを「読んで」もらうっていう感覚は、もう時代遅れ。ナンバリング、ハイライトなどを工夫して、一見して「見やすい」メールを書きましょう。

SNS（LINEやMessenger）など、メールより簡単で効率的なコミュニケーションツールがあるのに、一見して分かりにくいメールが来たら、もうあと回しになります。**メールは「読んでもらう」のではなく、「見てもらう」もの。**「普通にメールを書けばスルーされる」くらいの意識がいいでしょう。

■パッと見て分かるように

受け手のことを考えてくれる人と仕事するのは楽しい。同じ情報を送るのでも、受け手が処理しやすいように、すぐレスできるように、次のような工夫をしましょう。

・ナンバリング（10行くらいで項目を変えてタイトルをつける）

・一文を短く（日本語なら3行、英語なら2行ごとに行アケ）
・メールの文章をハイライト、下線、Bold 処理する
・添付ファイルを多用せず、本文にシンプルに書く
・2ページの資料にするのではなく「1ページに収める」

私は常に受け手のことを考えて、**一覧性のある（＝パッと見てすぐ分かる）資料**を作っています。一覧性のない資料が来たら、一覧性のあるかたちに加工したり、スタッフに加工してもらったりしてから読みます。

特にエクセルとかワードの添付ファイルは、一覧性のある形式で送ってくれると嬉しい。先日、某国弁護士と一緒に国際裁判をしていたとき、私だったら1ページに収める情報を4ページにして送ってきました。そのため、受け手の私のリアクションは、かなり遅くなりました…。

「エクセル4ページ分の資料を読む」って、結構、心理的ハードルが高くて、どうしてもあと回しになってしまう。情報が多すぎて、一覧性がなく、一度に頭に入らない。だから取りかかるのに時間がかかり、着手が遅れてしまう。

■メール も1ページに！

相手のことを考えると、メールは印刷したときに1ページに収まる長さにとどめたい。1ページは、だいたい35〜40行。それ以上（メールが2ページ以上）だと、格段にレスが遅れる。「印刷してA4で1枚以上の長さのメールを送ると、返信がテキメンに遅れる」ことを認識しましょう。

私の場合、そんな長いメールを見ると、印刷しないとちゃんと要件が把握できないため、回答はだいぶ遅れてしまいます。だから、早くレスが欲しい場合は、メールを小分けに切って（別メールにして）、しかもタイトルをそれぞれ変えるのがいいですよね。後から検索しやすくなるメリットもありますから。

SNSでも、長くて、スマホでスクロールしなければならない分量だと、あと回しになります。だから私もLINEやMessengerするときは、「スマホでスクロールしないで読める分量」に小分けして、複数のメッセージにして送ることにしています。具体的には、チャットではほとんど**「1メッセージ1文章」**にしています。

■回答期限はハイライト

あるクライアントからメールをもらった。当時の状況から、ある程度は急ぎなんだろうなとは思っていた。朝イチくらいでパッと見て概要を把握した。まぁ、想定通りの内容だし、こちらとしてはあまり急ぐ筋合いではないのであと回しに…。添付ファイルがたくさんあったので、秘書さんにプリントアウトしてもらって、あとで見ようかなと。でも夕方になってよく見ると、「今日中に回答ください」とありました。

回答期限を見落としていました！　回答期限がメールの本文中に埋もれ、朝イチの確認時には目に入ってきませんでした。そんなもんですよね…。回答期限はハイライトしないと、認識されず、メール本文や他の仕事に埋もれてしまいます。

これは他山の石にできます。我々が書くメールも、ちゃんとハイライトして、回答期限を区切るクセをつけたいですね。私はもう10年以上、回答期限を要求するときは、必ず次のようにしています。

・タイトルに回答期限を書き、失礼でなければ【急ぎ】的なことを前置き
・本文では回答期限をハイライト：太字（Bold）・下線・赤色・フォント拡大

具体的には、こんな感じです。

「大変恐縮ですが、**※明日18日（水）までに、**ご回答をお願い致します」

これで、メール本文に埋もれることもない。ここまでしないと、メール本文に埋もれることがあり得ます。ちゃんと伝えても、**伝わらなければ、伝え手の責任。**どうすれば確実に「伝わる」かを考えましょう。

■引用は明確に

メールで、他人のメールのやり取りなど文章の引用をした場合、「どこからどこまで」が、誰から誰へのメールなのかが明確でないと読み手は疲れます。だから、引用する場合は、次のようなフレーズを使って、「どこからどこまでが引用なのか」を明示しましょう。

「～以下引用～」「～引用終わり～」

これをいちいち「いんようおわり」とかタイプするのが面倒くさいので、私は「くお」と「uq」で単語登録しています。Quote／Unquoteって英語の読み方です。このようにたくさん単語登録しましょう！　便利なライフハックの1つです。

■「刺さるメール」で割り込もう

いろんな人、それこそ何百という人と日々メールしている私にとって、単に「言いたいことを伝える」だけのメールが来ると、アクションしにくかったり、気持ちよくすぐにアクションできなかったりします。

弁護士は常時、10～20案件を抱えています。だから、弁護士に普通にメールすると、最後列の20番目に並ぶということです。そこで、即レスをもらいたければ、**「刺さるメール」で割り込み**をしてください。受け手の我々弁護士が回答しやすいメールを送ることによって、即レスを促してください。

逆に、読みにくいメールだと、どんどん他の用件に「割り込み」されてしまいます。我々も人間ですので、どうしても心地よい仕事が自然と優先されてしまいます。

以上は、弁護士の立場から見た視点。当然、我々も相手が同様の状況にあることを想定して、回答しやすい「刺さるメール」、すなわち「割り込みできるようなメール」を送るべきですよね（自戒を込めて）。

◉記憶の「マジカルナンバー4」

コンプライアンスやミス・失敗とかを研究して何百冊も本を読み、「マジカルナンバー」という考えに出会いました。

人間の記憶は7つとか4つに制限されます。70年近く前は「マジカルナンバー7」だったけど、今は「マジカルナンバー4」に減りました。

■いくつまで覚えられる？

1956年、心理学者のジョージ・ミラーが、「マジカルナンバー7」を発表。人の短期的な記憶容量は7個前後だと主張しました。ところが、2001年、心理学者ネルソン・コーワンが、「マジカルナンバー4」を発表。人が短期で覚えられるのは3～5個の範囲だと主張しました。

要するに、人は、多くのことを一気に覚えられません。**「人が覚えられるのは4つだけ」**と考えておきましょう。

■「項目は4つ以下」に

このマジカルナンバー4は、文章の項目などを考えれば納得感があります。項目を1〜5まで書いても、読む人が5つの内容を覚えるのは至難のワザ。人間は4つしか覚えられないのですから。

人間の頭にスッと入ってくるのは、3つか4つまでなのです。ですから、箇条書きや項目を立てる際は、必ず3つか4つ以内にまとめましょう。あらゆる文章を書く際、**項目は4つ以下に減らすのが鉄則**です。5つ以上になるときは、大項目・中項目のように階層化して、4つ以内に抑えましょう。項目を5つも6つも立てた文章を読むと、「この人は読み手のことを考えていないな」「プロフェッショナルじゃないな」と思ってしまいます。

実際に私も、裁判書面では常に、項目を4つ以内にまとめています。メールその他の文書でもそうです。4つ以内に項目をまとめることで、相手からのレスが格段に早くなり、サクサク気持ちよく仕事ができます！

◉検索しやすい件名を！

メールの件名は、「相手が検索しやすいように」工夫しましょう。Twitterで、「メールの件名には本文と同じぐらい時間をかけるべき。大多数の人は件名しか読まないから」って投稿が流れてきたことがあります。言い得て妙と思いました。

メールの件名をしっかり書く人との仕事は楽しい。告白すると、そうでない人との仕事は、やや優先順位が下がってしまいます。メールの件名が雑な人は、ガサツで傲慢な人だと思っていいのでは、と感じるときすらあります。

■件名を読むだけで内容が分かるように

特に、「メール拝受しました」的な形式的な挨拶程度のメールではなく、その後、いつか検索される可能性がある中身のあるメールには、しっかり丁寧にメールの件名をつけましょう。

例えば、私は「弁護士中山達樹／○の件／訴訟戦略／▲を被告に含めるべき」みたいに、**「件名を読むだけで内容が分かる」**くらいメールの件名を分かりやすく書いています。

ここまで考えてメールを使う人って、100人に1人もいないと思います。でも、実際にいることはいる。私のクライアントにもいらっしゃる。そういうプロフェッショナルなクライアントとの仕事は、緊張感があって楽しい。ワクワク、ゾクゾクする。メールの件名は「検索性（traceability）」を考えてつけましょう。

また、メールの件名をしっかり書いておくと、メールを開かずとも過去の作業が思い出せて、稼働時間管理表が簡単に作れたりもします。

■メールの署名は短く

一方、**メールの署名は短くしましょう。**それがエコです。印刷したときに紙がムダにならない。長い署名は、印刷すると署名分だけ余分なプリント用紙が必要となってしまいます。

メールの署名が長い人は、エコとか環境とかSGDsとか偉そうなことは言えませんね。メールの署名の長さで、私はそのメールを送信者のエコ意識も測っています。

メールの署名は1行でも短く！

◉メールに悪感情を流すな

メール（テキスト）で悪感情を流す人は「プロじゃない」と思います。中山国際法律事務所のルールとして、次の3つは絶対にメールしないことにしています。

1　ネガティブなこと

2　センシティブなこと

3　シリアスなこと

これは、いろんなところに応用できます。友人同士、恋人同士、弁護団同士…当然、クライアントとのコミュニケーションにも。企業などに紹介しても、気に入ってもらえることが多いおすすめルールです。面倒くさくても、こういう機微情報（形式知ではなく、暗黙知的なこと）は口頭で話せば、あと腐れがありません。むしろ、こういう**「伝えにくいことを、適切に言う」ことこそが、コミュニケーション能力**だと思います。

スタッフから、このルールを守らない剣呑なメールが来ることもあります。そんなときも私は、ぐっと我慢して、あえて返信せず、口頭でしゃべります。言い返したかったり、厳しく指摘したかったりするときには、「追ってブリーフィングしましょう。

私は覚えておく自信ないので口頭で話しかけてください」と返信しておいて、機会があったときにスタッフと口頭で話すようにしています。

そもそも、**メール（テキスト）で悪感情を相手に伝えるのは、卑怯**だと私は思うんですよね。言い逃げ。伝え逃げ。自分はスカッとするかもしれないけど、受け取った人にはグサッと来ます。

今は、テレワークでのコミュニケーションが増えています。「これほんとうにメールやチャットすることかな?」って思うコミュニケーションが週にいくつかあります。「パパッと電話しちゃったほうが早い」「声聞いて話し合ったほうがいい」みたいなメールです。メールで不毛な「空中戦」はやめて話をしましょう。

そもそも、我が事務所では、「メールの使用は謙抑的に」というルールにしています。メールやチャットしていいのは、次の3つの場合のみ。

1　記録に残す必要がある
2　複数人に共有する必要がある
3　ファイルを添付する

これら以外は、パパッと口頭で話してしまおうということです。ご参考に！

◉インラインの回答マナー

私は「インラインにて恐縮ですが」を、よく使うフレーズとして「*il*」で単語登録しています。インラインでの回答に「恐縮する」ことをデフォルトにしています。相手のメールを引用して回答する「インライン回答」は、相手の発言の揚げ足を取る感があるから、基本的に恐縮してしかるべきと思うからです。

また、インラインで回答すると、どうしても返信メールが長くなってしまいます。でも私は、「A4用紙1枚に印刷できるか」というところまで相手のことを考えて、コンパクトに返信します。**「メールをA4の紙1枚に印刷して読める分量にまとめて送る」**。これは、受け取った相手への配慮です（本書172ページ参照）。

■具体的な3つの工夫

コンパクトにインラインメールを1枚の分量に抑えるための工夫を紹介します。

1　本文は1行で

「〇〇様　インラインにて恐縮ですが、赤字でご回答差し上げます。中山拝」を改行なしの1行で書く。

2　引用部分はフォント縮小

重要ではない部分（引用する相手のメールの日付・宛先・CC・挨拶文・イントロ部分など）は、フォントサイズを6～8ポイントくらいに縮小します（「Ctrl キー＋Shift キー＋<」のショートカット）。

3　行間をツメる

引用部分の行間のスペース（段落ごとに空けた1行）を削除してツメる。これは分量によってはやらないことも。

ほかにも、メールの署名を短く（私であれば「中山拝」だけ）にしたり、余分な情報を削除（削除したことを示すために「中略」と記す）したりすることがあります。これにより、ダラダラ長くなりがちなインラインメールをコンパクトにすることができます！

◉SNSは1メッセージ1文に

最近は、LINEやMessengerなどでもビジネスのやりとりをすることが増えました。これらのチャットツールで送るメッセージを、メールでやり取りするような長い分量で送られても一覧性がなく、読みづらいし、見落としもあります。

だから私は、LINEやMessengerでは、あえて**「1メッセージにつき1文のみ」**にして、細かく切ってメッセージを送ることをマイルールとしています。2文目は、次のメッセージで送ります。その方が格段に読みやすいです！

■「よいお節介」をしよう

また、メールではなく、LINEやMessengerで添付ファイルを送ることも多くなっています。だけど、LINEやMessengerで添付ファイルを送っても、たぶん慣れていないからでしょうか、相手が気づかず、スルーされることってありますよね（私自身も気づかずスルーしてしまうことがある）。しかも、LINEだと期間制限で添付ファイルが消えちゃいます。

そこで、確実に相手に認識してもらうために、面倒くさいけど、ダブルで同じファイルをメールすると確実です。私はこのために「メールと同内容をご連絡差し上げます」という文章を「md」で単語登録しています。

重ねて送るメリットは、

1 確実に、かつ早く認識してもらえる

レスが早くなるので、モメンタム（勢い）が発生してこちらも仕事がしやすくなる。忘却曲線が衰えないうち（＝記憶と優先順位が薄れないうち）にレスが来るので。

2 正確なファイルを送れる（誤送信防止）

私自身が、保存前のファイルや間違ったファイルを送ってしまう、というミスに気づける。

一石二鳥ですね。こういう「よいお節介」がライフハックの基本精神です。

◉書かないと変わらない

「手帳に書けば目標は叶う」という本が20年くらい前に流行りました。ワタミの渡邉美樹さんとか、GMOの熊谷正寿さんとか。まぁ、成功者が言うことはみんな似ていますね。目標を書くと書かないとで、平均年収に9倍の差が出るって話もありました。**目標を「書き出す」**のはいい。書かないと酔生夢死《すいせいむし》になります。

■書きながら考える

モヤモヤしている考えも、書き出すことでスッキリとまとまることがある。私もブログを書きながら、思考が発展したり洗練されていくことがあります。書き終わったときには、書き出したときとは結論が違うということも。人は**「書きながら考える」**のです。

ピアニストが「指が生命をもつかのように」音を奏でる、なんて表現があります。文章も同じです。ブラインドタッチがうまくできるようになるにつれ、「指が意思をもつかのように」、タイプしながら思考が発展していきます。

会議でも書き出しながら、みんなで考えるのがいい。話題をほとんど全部ホワイトボードやガラスボードに書き出し、書きながら、考えながら進めていく。そうすると、最後には課題と対策をきれいに明示できます。我が事務所では、壁一面のガラスボードに全て書き出すので、誰もメモを取りません。みんなでガラスボードを見ながら議論します。

■書くことは気づくこと

私が朝3時に起きて出勤前にブログを書くのには、「自分を見つめ直す」というマインドフル的な要素があります。書くことによって、よりメタ認知することができる。ブログを書きながら、いったん「Stop to think」して、俯瞰的・鳥瞰的な見方ができる。書きながら学ぶことってたくさんある。書かないと分からないことってたくさんある。

「書くことは、気づくこと」なんです。

私が18年くらい、毎日ブログを書いているのも、そんな邂逅、出逢いを渇望しているからです。「今日は何に気づくかなぁ」と、そんな出逢いを楽しみにして毎日キーボードを叩いています。

このように、書くことは、スティーブ・ジョブズが言う「connecting the dots」なんです。書いているうちに点と点がつながる。私がよく仮説を立てるのもconnecting the dots。「気づき」「ひらめき」「発見」が書くことで生まれてくるのです。**本を読んでdotを増やし、書くことでdotをつなげましょう！**

■ひたすら書き出す

月曜の朝なのに何か疲れがとれず、テンション上がらない…、そんなときには「今やるべきことを書き出す」ことです。頭の中にモヤモヤとたくさんやることがあると、それだけでストレスになってテンションが下がります。まずは頭の中のモヤモヤを書き出すことでだいぶ頭がスッキリします。

そのためにも、手元にウラ紙を置いておくのは、とても重要。ウラ紙じゃないと、ケチって書くことを渋っちゃうからです。だいぶ前の本ですが、赤羽雄二さんの『ゼロ秒思考・頭がよくなる世界一シンプルなトレーニング』（ダイヤモンド社刊）でも「ウラ紙に書き出せ」と書いています。この本は私にとってかなりインパクトがあり、著者の赤羽さんのオフィスまで会いに行って直接お話を伺ったぐらいです。

『ゼロ秒思考』で赤羽さんが勧めているのは、「A4のウラ紙をヨコにして、ひたすら考えていること、思っていること、ひっかかっていることを、箇条書きで書き出す」という方法です。私も毎日5枚くらいは書き出しています。

書き出すことにより争点が整理されたり、目で見て「こんなに問題点があったんだ」と改めて認識できたりします。私の場合は、人間関係の悩みが解消されたり、やるべきことが明確になったり、いろいろいい点があります。

■「分ける」→「分かる」→「変わる」

頭で考えるだけではなく、手元のメモに、ブログやどこかの保存先に、会議ではホワイトボードなどに、どんどん「書き出す」ことをおすすめします。「書く」ことは「紡ぎ出す」こと。「産む」ことであり、明らかにすること。

「分ける」→「分かる」→「変わる」といいます。書くこと＝言語化することは、概念を「分ける」こと。そうするとよりよく「分かる」ようになる。「分かる」と、自覚できて、メタ認知できる。だから「変わる」チャンスになる。書く（分ける）ことにより、自覚・認識（分かる）ができ、成長（変わる）できるのです。

◉話せば、変わる

誰かと話すだけで、どん詰まりからアイデアが浮かぶことがあります。

■「壁打ち」しよう

5・15事件で犬養毅首相が「話せば分かる」と言いましたが、**「話せば変わる」**のです。

メールのやりとりが中心の弁護士業務。「メールだけではなんだか情報が少ないかな」「社長のお気持ちはどうなんだろ」「本件に対する社内の空気感はどうなんだろ」…その辺の、法律そのものというよりは、「空気感」を感じたいなと思ってクライアントに電話してみる。

結果として、たった通話3分で、いいアイデアが浮かんだ。「何でそれを思いつかなかったのか」というほどのあっけなさで。みなさんにもこういう経験がありませんか。

メールのやりとりでは交換できる情報量が少ない。形式知だけのやりとりになりがち。一方、電話すれば暗黙知も共有でき、多くの情報を共有できて知恵も生まれる。

これはテレワーク一般における業務効率に関係します。行き詰まったら、まずはカジュアルに「壁打ち」してみましょう。今は、Chat GTP でもいい壁打ちができます。

■ラバーダック効果

エンジニアやプログラミングの業界では、「ひとり言を言うだけで打開策が生まれる」と言います。プログラミングをしていて煮詰まったときに、ひとり言を言いながら解決することを「ラバーダック効果」とか「テディベア効果」と言います。一人でいるときに、机上に置いてあるラバーダックとか、テディベアのぬいぐるみに、つい話しかけることからきた言葉です。

ひとり言で物事が解決することがある。いわんや誰かに聞いてもらう「壁打ち」をや。**壁打ちは暗黙知のスパーリング。**会話は改めて大事だと実感します！

行き詰まったら壁打ちを。
ひとり言でもいいんだゾー！

◉目標は「SMART」に

人生で若い頃から、月次・年次でしっかり目標管理ができていれば、間違いなく成功者になるでしょう。その目標は、「SMART」でなければいけません。

・Specific …具体的に
・Measurable …達成できたかどうかを定量的に判断できる
・Action-oriented …アクションに落とせる
・Realistic …現実的な／Relevant …意義が明確
・Time-bound …期限が明確

これらがそろってないと「できた／できない」が測れない。目標はSMARTに立てないと、「できた」「できなかった」がマルバツで採点できません。

中山国際法律事務所でも、毎月、事務所と個人のSMARTな目標を立てています。それをまとめて管理し、しっかり「できた（〇）・できなかった（×）」を採点・評価。

こうして各スタッフの月間目標を公表して、刺激し合っています。

なお、この「SMART」の中身には諸説あります。例えば、私は「A」にAttractive（魅力的）を使い、「ワクワクする」という意味をあてていました。でも、コンサルタントの佐々木裕子さんの本には、Action-oriented（アクションに落とせる）と書いてあり、これが気に入ったので、今はこれを使っています。

◉「ゴール後の世界」を描く

私が毎朝7時に通っているトレーニングジムのトレーナー・Aさん。女性のボディビル日本一なんです。その秘訣が、目標達成へのコツというか方法論として秀逸なので、ご紹介します。

彼女は**「日本一になった自分の姿から見える世界を300個書き出した」**そうです。しかも、それを3回もやった。計900個！

まずはできると思うこと。そして、できた姿を強烈に、鮮やかに思い描くこと。私もやろう！ 今の私の目標の1つは「逆立ち腕立て」です。よし、「逆立ち腕立てから見える世界」を300個考えてみよう。う〜ん、天地が逆に見える（笑）。

■目標は携帯の待ち受けに

目標達成のためのおすすめは、手書きで書いて、**携帯電話の待ち受け画面に設定**すること。ポイントは、活字ではなく、自分の手書きで書くことです。やっぱり自分の手で書いたほうが、一貫性の法則（「自分で言ったことはやらなきゃな」という効果）

がより強く働いて、有言実行効果が上がります。

私が「体脂肪率をひとケタに下げる」を目標にしていたときは、端的に「ひとケタ！」と筆で書いて、待ち受け画面に設定してました。そして、3か月後には体脂肪率1ケタを達成。今度は「体脂肪率3％」を目指す新しい壁紙に変えました。まぁ、ほんとは5％とかでもいいんだけど。棒ほど願って針ほど叶う。常にムーンショットを狙いましょう！

▲目標を手書きで書いて携帯電話の待ち受け画面に設定する（画面は体脂肪率目標）。

◉人生はGive & Give

誰しも自分に良くしてくれる人には、良くしてあげたいと思う。これを「返報性の原則」と言います。「原則」とか堅いこと言わずとも、自分に優しい人には優しくする。自分に理不尽なことを言う人には、優しくなれない。これは人間として当然のことです。人間関係は鏡だからです。

■1%のGiverになろう

だから、与える者は与えられる（ルカの福音書6章38節）。**Giveする人は、Giveされる。**情報を発信する人に情報が集まる。いろいろ教えてくれる人には、こちらからも情報提供したいという気になる。こうやって情報交換が盛り上がります。

Facebookとか Twitterで活発に発言していると、「これについてはこうですよ」「こういう意見もありますよ」と情報が集まってきたりする。SNS全盛の今、「与える者は与えられる」ということは、みなさんもなんとなくお感じのはずです。

一方、Takeばっかりしている人に、また会おうと思わない。だからTakerには情報が集まりません。

でも、実際に「Giveする人」は1%しかいない。アウトプットする人も1%しかいない。9%の人が「いいね」だけする人、リツイートだけする人でコメントしない。90%の人が「見てるだけ」のTakerです。

インターネットでコンテンツを創造する人間の割合は、そのコンテンツを閲覧するだけの人間のおよそ1%にすぎません。「1%の法則」です。1%がGiver、9%が中間で、90%がTakerなのです。

みなさん、是非、**Giverになりましょう。1%になりましょう。アウトプットしましょう。**そうすれば、情報が集まってくる。雪だるま式に情報が増えます。

この本を手に取ったみなさんは、1%のGiverです。みなさんのようなGiverが文化・文明を発展させるのです。どんどんGiveして、よりよい世の中をつくりましょう！

あとがき

この業務効率化の本を書くにあたり、ライフハックの総集成として、みなさまに伝えそびれたことがないか、改めて思いを巡らせてみました。

そこで思いあたりました。業務効率化の最大の工夫は、「いつ死んでもいいように生きる」という覚悟かもしれません。

私の人生の目標は、笑って死ぬこと。
笑って死ぬためには、いつ死んでもいい覚悟をしておく。
いつ死んでもいいように、悔いなく生きる。
悔いなく生きるために、時間をムダにしない。

私の業務効率化は、私の人生観・無常観と、こうやってロジカルにつながっています。

25年前の23歳のとき、飲酒運転をしてヒドい交通事故を起こし、でも命からがら生き延びました。その同じ日に、デートしたことがある女性が「青信号」の横断歩道を渡っていて、20歳の成人式を直前にして亡くなりました。運命を感じました。

私は、これ以上悪いことはないくらいのことをしても生き延びています。一方、何も悪いことをしていないのに、もうこの世にいない人もいます。

「生かされている」と感じた。

「人生をムダにしてはいけない」と誓いました。

私の業務効率化は、25年前の、あの日から始まったのかもしれません。

よし、今日も、生きられなかった方々の分まで、がんばります！

2024年1月
中山　達樹　拝

平成出版 について

本書を発行した平成出版は、基本的な出版ポリシーとして、自分の主張を知ってもらいたい人々、世の中の新しい動きに注目する人々、起業家や新ジャンルに挑戦する経営者、専門家、クリエイターの皆さまの味方でありたいと願っています。

代表・須田早は、あらゆる出版に関する職務（編集、営業、広告、総務、財務、印刷管理、経営、ライター、フリー編集者、カメラマン、プロデューサーなど）を経験してきました。そして、従来の出版の殻を打ち破ることが、未来の日本の繁栄につながると信じています。

志のある人を、広く世の中に知らしめるように、商業出版として新しい出版方式を実践しつつ「読者が求める本」を提供していきます。出版について、知りたいことや分からないことがありましたら、お気軽にメールをお寄せください。


book@syuppan.jp 平成出版 編集部一同

ISBN978-4-434-33542-6 C0036

超速・最強！5つのライフハック（業務効率化術）

令和6年（2024）2月14日 第1刷発行
著　者　**中山　達樹**（なかやま・たつき）
発行人　須田早

発　行　**平成出版**G株式会社

〒104-0061 東京都中央区銀座7丁目13番5号
ＮＲＥＧ銀座ビル1階
経営サポート部／東京都港区赤坂8丁目
TEL 03-3408-8300　FAX 03-3746-1588
平成出版ホームページ https://syuppan.jp
メール：book@syuppan.jp

発　売　株式会社 星雲社（共同出版社・流通責任出版社）
〒112-0005 東京都文京区水道1-3-30
TEL 03-3868-3275　FAX 03-3868-6588

編集協力／安田京祐、大井恵次
原稿作成協力／沢田恵子
本文イラスト／illust AC
制作協力・本文 DTP ／ P デザイン・オフィス
Print ／ DOza